Frauenarchitektouren

Anne Bauer
Ingrid I. Gumpinger
Eleonore Kleindienst

FRAUENARCHITEKTOUREN

Arbeiten von Architektinnen in Österreich

VERLAG ANTON PUSTET

Folgende Institutionen haben durch ihre Förderung zum Entstehen dieses Werkes maßgeblich beigetragen. Wir danken herzlich.

Bundeskammer der Architekten und Ingenieurkonsulenten
Sektion Architekten
Kammer der Architekten und Ingenieurkonsulenten für Oberösterreich und Salzburg
Sektion Architekten
Kammer der Architekten und Ingenieurkonsulenten für Tirol und Vorarlberg
Sektion Architekten
Kammer der Architekten und Ingenieurkonsulenten für Steiermark und Kärnten
Sektion Architekten
Kammer der Architekten und Ingenieurkonsulenten für Wien, Niederösterreich und Burgenland
Magistrat der Stadt Wien, Stadtentwicklung und Stadtplanung: SR Dipl.-Ing. Brigitte Jilka
Magistrat der Stadt Wien, Kultur und Wissenschaft: Stadtrat Mag. Dr. Andreas Mailath-Pokorny und OSR Dr. Hubert Christian Ehalt
Bundesministerium für Gesundheit und Frauen: BM Maria Rauch-Kallat
Magistrat der Stadt Salzburg, Frauenbüro: Mag. Dagmar Stranzinger
ARWAG Holding-AG: KR Stefan Hawle
GESIBA: Dir. Ing. Ewald Kirschner
Sozialbau AG: GenDir. Prof. Dr. Herbert Ludl
Wiener Städtische: Dir. Dr. Günther Geyer

Salzburg – München
A-5020 Salzburg, Bergstraße 12

Gedruckt in Österreich
Lektorat: Dr. Claudia Mazanek
Layout: Roberta D'Errico Gronegger
Druck: Salzburger Druckerei
ISBN 3-7025-0464-8

Bibliografische Information
Der Deutschen Bibliothek
Die Deutsche Bibliothek verzeichnet diese Publikation in der Deutschen Nationalbibliografie; detaillierte bibliografische Daten sind im Internet über http://dnb.ddb.de abrufbar.

Inhalt

Index

Vorwort

„Die Architektur umfasst die gesamte physische Umwelt, die das menschliche Leben umgibt; wir können uns ihr nicht entziehen, solange wir der bürgerlichen Gesellschaft angehören; denn die Architektur ist die Gesamtheit der Umwandlungen und Veränderungen, die im Hinblick auf die Bedürfnisse des Menschen auf der Erdoberfläche, mit Ausnahme der reinen Wüstengebiete, vorgenommen werden."

William Morris, 1881

Kreatives Schaffen und Erhalten von Orten der Begegnung, unter Bedachtnahme auf existenzielle Befindlichkeiten, bilden und prägen unsere gestaltete und gebaute Umwelt.

So zeigt dieser Frauenarchitekturführer allgemein gesehen die Bedeutung der Architektur für die Gesellschaft und die Vielfältigkeit von Gestaltungsaufgaben auf, aber auch, dass Architektur als dynamischer Prozess zu sehen ist, der sich aus der Gesellschaft entwickelt. Im Besonderen jedoch vermittelt er einen repräsentativen Querschnitt qualitätvoller Architektur und Gestaltung von Architektinnen entworfen und gebaut in Österreich, mit Schwerpunkt der Realisierung der Bauten in der Zeit zwischen 1980 und 2002.

In einem Berufsfeld, das traditionell in erster Linie von Männern besetzt ist, ist es erforderlich, die gelungenen Leistungen von Architektinnen der Gesellschaft verstärkt bewusst zu machen, damit sie für ihren großen beruflichen Einsatz die verdiente Anerkennung finden. Es soll auch nicht schamhaft verschwiegen werden, dass viele dieser Frauen ihren nicht einfachen Beruf mit der Aufgabe Kinder großzuziehen in Einklang bringen und so in doppelter Weise Verantwortung gegenüber der Gesellschaft tragen.

Wenn es nach unserer Meinung auch keine „weibliche Architektur" als solche gibt, so stellt das Einbringen der weiblichen Erfahrungswelten eine Bereicherung und einen wichtigen Beitrag für unsere pluralistisch ausgerichtete Gesellschaft und die Gestaltung der gebauten Umwelt dar. Es sollen daher private und öffentliche AuftraggeberInnen nicht zögern, diese Ressourcen zu nutzen und vermehrt an bestens

ausgebildete und erfahrene Architektinnen Verantwortung zu übertragen.
Auch im Kontext mit der politischen Zielsetzung der Europäischen Union in Richtung Gleichbehandlung und „gender mainstreaming" sowie der steigenden Zahl der Absolventinnen – derzeit sind österreichweit etwa ein Drittel der AbsolventInnen an den österreichischen Universitäten der Fachrichtung Architektur Frauen – gewinnt das Thema „Frauen und Bauen" wachsende Aktualität und Bedeutung.
Seit einigen Jahren arbeitet in der Länderkammer Arch+Ing von Wien, Niederösterreich und Burgenland eine Fachgruppe der Ziviltechnikerinnen an der Verbesserung der beruflichen Situation der Architektinnen und Ingenierkonsulentinnen. Wir konnten dabei schon etliche Erfolge verbuchen, wie z. B. die Ausstellung „frauen in der technik von 1900 bis 2000", die erst in Wien, dann österreichweit und auch in Süddeutschland zu sehen war.
In Diskussionen entwickelte sich in dieser Fachgruppe die Idee, dass durch drei ehrenamtlich und eigenverantwortlich arbeitende Architektinnen dieser Gruppe ein Architekturführer herausgegeben werden sollte. Wir wurden von der Verlagsleiterin Mag. Mona Müry-Leitner durch ihr großes Interesse und ihre Erfahrung bei der Realisierung unterstützt. Nach umfangreichen Recherchen ist ein Buch entstanden, das den Fokus bewusst auf die Leistungen der Architektinnen in ganz Österreich ausrichtet, ob sie nun allein oder mit Partnern ihr Büro führen.
Vor etwa zwei Jahren wurden alle österreichischen Architektinnen und weiblichen Architekturschaffenden, soweit sie uns bekannt waren, eingeladen, Unterlagen zu ihren Bauten in Österreich einzureichen. Um ein umfangreiches Spektrum an Arbeiten zu erhalten, war die Teilnahme nicht von einer Kammermitgliedschaft, wohl aber – so wie es auch die EU in ihrer Architektenrichtlinie vorsieht – von einem abgeschlossenen einschlägigen Hochschulstudium abhängig.
Die Auswahl aus den von 160 Architektinnen und Architekturschaffenden eingereichten 370 Projekten erfolgte durch ein Fachgremium. Denn auf Grund eines durch ein begrenztes Bud-

get eingeschränkten Buchumfangs können von diesen Projekten nur 168 Objekte mit Bild und Text und nach Bundesländern geordnet präsentiert werden, auf 168 weitere interessante Projekte wird hingewiesen.

Die einführenden Worte zu den einzelnen Bundesländerkapiteln verfassten, ebenso unentgeltlich, Architektinnen, die ihr Atelier jeweils in diesem Bundesland führen und so einen Einblick aus erster Hand gewährleisten. Es werden jeweils die berufliche Entwicklung und spezifische Situation beschrieben und die Ausführungen mit diversen statistischen Angaben ergänzt. Für den Inhalt dieser Beiträge, die nicht in allen Einzelheiten mit den Meinungen der Herausgeberinnen übereinstimmen müssen, zeichnen die Autorinnen.

Für das Verfassen der Projekttexte konnten bekannte ArchitekturjournalistInnen gewonnen werden, deren Namenskürzel im Anhang in einem eigenen Index zusammen mit Kurzbiografien zu finden sind.

In einem weiteren Text wird über bedeutende Pionierinnen auf dem Feld der Architektur in Österreich berichtet, die uns Vorbild sind und uns durch ihre Leistungen den Weg zur gebührenden Anerkennung von Architektinnen in der Öffentlichkeit erleichtert haben.

Der Index mit den Namen der Architektinnen und Architekturschaffenden erschließt das Buch und wird durch einen Index der RedakteurInnen und ArchitekturfotografInnen ergänzt.

Zuallererst möchten wir allen Institutionen und Vereinigungen (siehe Impressum), die durch ihre großzügige Förderung die Publikation dieses Frauenarchitekturführers ermöglicht haben, herzlich danken.

Des weiteren gilt unser Dank dem Team der Bundeskammer der Architekten und Ingenieurkonsulenten unter der Leitung von Präsident Dipl.-Ing. Robert Krapfenbauer; im Besonderen danken wir Frau Dr. Evelyn Stampfer für ihre unermüdliche und kooperative Mitwirkung.

Auch dem unentgeltlich arbeitenden Auswahlgremium, das durch konstruktive Zusammenarbeit eine exzellente Projektauswahl traf, ist herzlich zu danken. Es setzte sich aus folgenden Personen zusammen: mit Stimmrecht:

Univ.-Prof. Arch. Dipl.-Ing. Hannelore Deubzer, Stadtbaurätin Dipl.-Ing. Christiane Thalgott, Senatsrätin Dipl.-Ing. Brigitte Jilka, Mag. Gabriele Kaiser; ohne Stimmrecht und für das Protokoll: Mag. Mona Müry-Leitner und Dr. Roman Höllbacher (siehe Index Auswahlgremium).

Und nun wünschen wir Ihnen eine spannende, informative und interessante Reise durch das weite Land der Architektur zu den Arbeiten der Architektinnen in Österreich!

Die Herausgeberinnen

Im Gegensatz zu Amerika oder einzelnen europäischen Ländern, galt es im Österreich der späten Monarchiezeit für beinahe undenkbar, dass eine Frau einen technischen Beruf ausüben könnte. Die bekannte amerikanische Architektin Julia Morgan absolvierte bereits zwischen 1898–1902 als erste Frau ein Architekturstudium in Paris an der École des Beaux Arts, wohingegen Frauen in Österreich zu dieser Zeit nicht einmal der Zutritt zum Gymnasium möglich war und der Zugang zum Universitätsstudium verwehrt blieb. In Deutschland und in der Schweiz wurden Frauen bereits 1908 als ordentliche Hörerinnen einer technischen Hochschule zugelassen. Ab 1910 war dann der Besuch einer technischen Mittelschule und ab 1919 ein Studium an einer Technischen Hochschule und an der Akademie der bildenden Künste auch in Österreich möglich.

Bereits davor gab es allerdings einen Weg der künstlerischen Ausbildung, der keine Matura voraussetzte: die k. k. Kunstgewerbeschule, 1864 nach dem englischen Vorbild des South Kensington-Museums im Sinn der „Arts and Crafts"-Bewegung gegründet. Diese Ausbildungsstätte war interessierten Frauen zugänglich, jedoch ohne die Möglichkeit, ein Diplom zu erlangen. Erst mit der Gründung der Kunstschule für Frauen und Mädchen 1897, die 1906/07 Öffentlichkeitsrecht erlangte und als Vorbereitung für das weiterführende Studium an der Kunstgewerbeschule (heutige Universität für angewandte Kunst) für weibliche Hörer verpflichtend war, konnten auch Frauen ihre Ausbildung mit Diplom abschließen. Obwohl nun sehr viele Frauen im Zeitraum von 1910 bis 1919 diese Ausbildungsmöglichkeit anstrebten, blieben sie vorwiegend den kunstgewerblichen Bereichen wie z. B. Malerei, Keramik, Textilkunst verhaftet. Nur wenige Frauen, von denen in der Folge nur die bekanntesten erwähnt werden können, wandten sich der Architektur zu.

Die erste Frau, die 1919 ein Diplom für Architektur (in der Meisterklasse von Oskar Strnad) an der Kunstgewerbeschule erwarb, war Margarethe Schütte-Lihotzky (1897–2000). Sie war bereits 1918 bei einem Studentenwettbewerb als Preisträgerin aufgefallen. Mit ihren sozialen Grundsätzen entwickelte sie völlig neue Konzepte zur Lösung der Wohnprobleme der einkommensschwachen Bevölkerungsschichten und der berufstätigen Frauen. Die von ihr geplanten kommunalen Bauaufgaben wie der Winarsky-Hof, der Fröbel-Kindergarten etc. oder die bekannte „Frankfurter-Küche" sind nur einige Beispiele in diesem Sinn.

Mit dem Zugang zur Technischen Hochschule zogen die meisten Frauen allerdings eine technische Ausbildung dem Studium an der Kunstgewerbeschule oder der Akademie der bildenden Künste vor.

An der TH Wien schlossen im Zeitraum von 1920 bis 1940 bereits 43 Frauen ein technisches Studium ab, während im gleichen Zeitraum an der Akademie der bildenden Künste neun Frauen ein Architekturstudium mit Diplom beendeten. Einzelne Frauen fanden andere Wege: Ella Briggs-Baumfeld (1880–?) hatte ihr Studium bereits 1918 an der TU München absolviert, während Liane Zimbler (1892– 1987) schon vor 1919 ihr Studium als außerordentliche Hörerin an der TH Wien begann. Liane Zimbler legte 1938 als erste Architektin die Ziviltechnikerprüfung ab. Bereits 1918 entwarf sie ihr erstes Einfamilienhaus in Bad Aussee und baute nur für private Auftraggeber, wobei sie viele ihrer Kolleginnen von der Kunstgewerbeschule zur Umsetzung ihrer Gestaltungsvorschläge einsetzte. Mit der Gründung

Kindergarten der Gemeinde Wien
1200 Wien, Kapaunplatz 10
1950–52
Margarethe Schütte-Lihotzky

des Vereins „Wiener Frauenkunst" versuchte sie auch durch Ausstellungen ihre Ideen für eine moderne Wohnungsgestaltung der Öffentlichkeit nahe zu bringen. Mit ihren beiden Ateliers in Wien und Prag galt sie bis zu ihrer Emigration nach Amerika als die meist beschäftigte Architektin der Zwischenkriegszeit.

In der ab 1925 wirtschaftlich zunehmend schlechter werdenden Zeit war es vorwiegend die Gemeinde Wien, die zur Realisierung ihrer kommunalen Bauaufgaben auch Architektinnen beschäftigte. So baute Ella Briggs-Baumfeld zwischen 1925 und 1927 für die Gemeinde Wien eine Wohnhausanlage mit Kindergarten (Pestalozzihof) im 19. Bezirk und ein weiteres Wohnprojekt in Berlin, bevor sie 1935 nach England emigrierte. Friedl Dicker-Brandejs (1898–1944) absolvierte in Wien eine Ausbildung als Malerin bei Johannes Itten, mit dem sie auch ans „Bauhaus" nach Weimar wechselte, wo sie sich dann intensiver der Architektur zuwandte. Zurück in Wien, realisierte sie bis zu ihrer Übersiedlung nach Prag 1934 in einer Ateliergemeinschaft mit Franz Singer einige Projekte für private und öffentliche Auftraggeber, wie den Kindergarten im Goethehof.

Wohnhausanlage der Gemeinde Wien mit Kindergarten, 1925–26, Pestalozzi-Hof, 1190 Wien, Philippovich-Gasse 2–4
Ella Briggs-Baumfeld

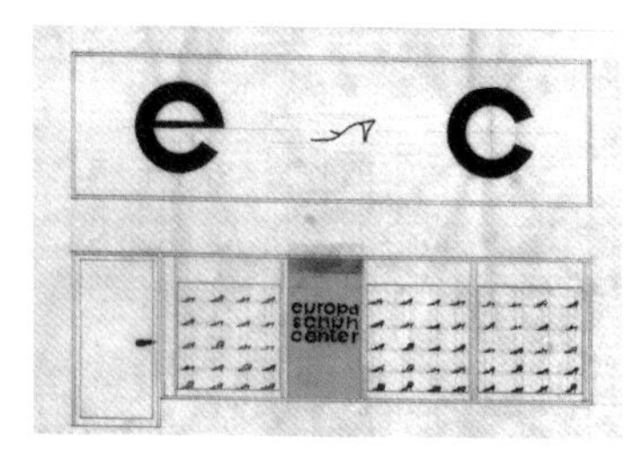

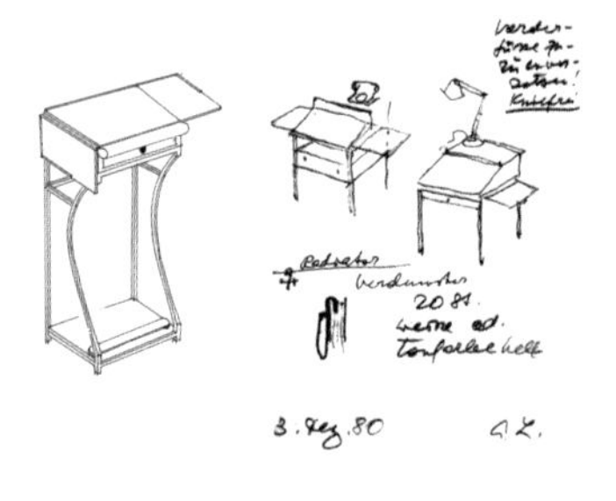

Entwurfsskizzen aus dem Archiv Praun
Anna Lülja-Praun

Anna-Lülja Praun (geb. 1906), die 1925 als erste Frau an der TH Graz Architektur inskribierte, arbeitete in ihren Anfängen mit Architekten wie Hubert Eichholzer und Clemens Holzmeister zusammen, wobei sie sich in der Folge neben der Planung einiger Wohnhäuser vor allem im Bereich Innenraumgestaltung und Möbelentwurf einen Namen machte und bis ins höchste Alter aktiv blieb.

Martha Bolldorf-Reitstätter (1912–2001) absolvierte als erste Österreicherin 1934 ein Studium an der Akademie der bildenden Künste am Schillerplatz und war danach Mitarbeiterin von Clemens Holzmeister, der ihr 1937 die Innengestaltung des Wiener Funkhauses in der Argentinierstraße als ersten selbstständigen Auftrag übertrug. 1954 bis 1970 arbeitete sie an verschiedenen Aufträgen in Eisenstadt (bischöfliche Residenz, Wiederaufbau der Domkirche und eine Wohnanlage mit Hochhaus).

Helene Koller-Buchwieser (geb. 1912) erwarb 1937 an der TH Wien ihr Diplom in Architektur und legte 1940 als erste Frau die Baumeisterprüfung ab. Ihr

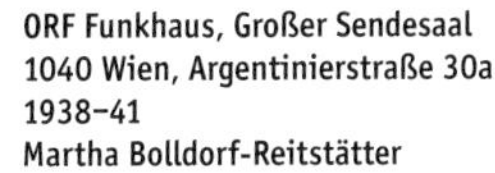

**ORF Funkhaus, Großer Sendesaal
1040 Wien, Argentinierstraße 30a
1938–41
Martha Bolldorf-Reitstätter**

umfassendes technisches Wissen setzte sie bei den Sicherungsarbeiten des bombardierten Stephansdomes und bei vielen Neubauten ein. Sie plante mehrere Kirchen und Kapellen, soziale Wohnanlagen und Wohnheime und entwickelte z.B. beim Gemeindezentrum in Obervolta den speziellen klimatischen Bedingungen entsprechende neue Bauweisen. Sie wurde für ihr Lebenswerk mit hohen Auszeichnungen bedacht.

Die hier besprochenen Pionierinnen stellen nur einzelne Persönlichkeiten aus dem Raum Wien bzw. Graz vor, die durch ihr Schaffen bei der Entwicklung des Berufsbildes der Architektin wesentliche Impulse gesetzt haben, ohne die viel größere Zahl der nach dem Zweiten Weltkrieg in Österreich tätigen Architektinnen hier aufzuzeigen. Auf diese wird in den Beiträgen der einzelnen Bundesländer gesondert eingegangen.

Im Allgemeinen beweisen die Architektinnen, denen die Gesellschaft keine technischen Berufe zutrauen oder zumuten wollte, nicht nur sehr hohe technische Kompetenz, sondern auch großes soziales Engagement bei der Realisierung ihrer Projekte. Oft sind sie es, die sich für bessere Lebensbedingungen von sozial schwachen, alten und behinderten Menschen einsetzen und neue Modelle entwickeln.

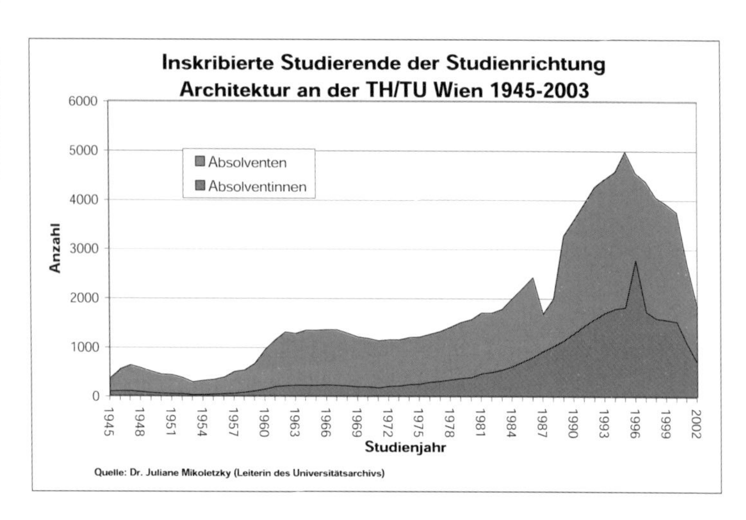

So wird es auch für die Entwicklung einer lebenswerten Zukunft entscheidend sein, dass mehr Frauen in technischen Berufen ihre Sichtweise und ihr kreatives Potenzial einbringen.
Die Herausgeberinnen

Quellen:
Ziviltechnikerinnen, Dokumentation der Ziviltechnikerinnen, 1982, p. A. E. Sundt;
frauen in der technik von 1900 bis 2000, Katalog zur gleichnamigen Ausstellung 1999, ARGE Architektinnen und Ingenieurkonsulentinnen;
persönliche Recherchen und Interviews Kleindienst mit: Lassmann, Sundt, Filas, Bolldorf, Praun, Schütte-Lihotzky.

Der Westen

Noch 1983, als es erstmals eine Ausstellung über österreichische Architektinnen gab, mockierte sich ein namhafter Tiroler Architekt darüber, wozu Frauen sich denn eigens äußern müssten. In dieser Ausstellung waren drei Tiroler Architektinnen und keine Vorarlbergerin vertreten, in der Ausstellung „Frauen in der Technik von 1900 bis 2000", 17 Jahre später, waren es nicht mehr.

Mit Errichtung der Architekturfakultät an der Universität Innsbruck 1969 und den ersten Absolventinnen ab 1975 begann Neues im Westen. Nun mussten Frauen es sicht nicht mehr leisten können, nach Wien, Graz, München oder Zürich studieren zu gehen, um dann vielfach nicht mehr zurückzukehren. Anfangs mit 7–10% weiblichen Studenten steigerten sich die Architekturhörerinnen 1990 auf 20%, 1998–2001 auf knapp 36%, um aktuell 2003 bei rund 22% zu liegen.

Diese Zahlen verblüffen, da an der Architekturfakultät allgemein angenommen wird, dass der Frauenanteil 50% beträgt.

Trotzdem: Der Architektur-Aufschwung im Westen seit den 1990ern geht einher mit zunehmender Architektinnenanzahl, gesamt gesehen noch nicht viel, aber deutlich mehr als im letzten Jahrhundert:

Es gibt in Tirol aktuell 381 Architekten und Architektinnen, davon 30 weibliche, das sind knapp 8%, aktiv tätig sind 250 ArchitektInnen, davon sind 17 weiblich, also knapp 7%, in Vorarlberg sind es 99, davon acht weibliche, das sind 8%.

Vorarlberg

Vorarlberg, durch seine geographische Lage offener als Tirol, hatte aber dennoch gar keinen Frauenanteil in Achleitners Architekturführer 1983, ebensowenig wie bei den in den 1980er Jahren etablierten „Baukünstlern", die abseits der Architektenkammer agierten, den 1991 vergebenen „Internationalen Kunstpreis des Landes Vorarlberg" erhielten, dessen Preisgeld 1993 in einer Ausstellung mündete.
Hier zumindest ist die Autodidaktin Elisabeth Rüdisser als Planerin mit Biografie erwähnt.
Die Vorarlberger Architektin Adelheid Gnaiger, 1916–1991, Architektin ab 1950, muss erst noch in das Licht der Öffentlichkeit rücken.

Otto Kapfinger erwähnt in *Baukunst in Vorarlberg seit 1980* (hg. vom Kunsthaus Bregenz und dem Vorarlberger Architekturinstitut – vai, 1998) neben einigen hier mit Projekten vertretenen Architektinnen wie Bettina Götz oder Regina Noldin nur fünf in Vorarlberg ansässige und tätige, nämlich Marina Hämmerle, Susanne Hanck, Elisabeth Rüdisser, Gabriela Seifert, Ute Wimmer-Armellini, die nicht unwesentlich an der Entwicklung in Vorarlberg beteiligt waren, wie Christine Teufel vom vai betont. Der Vorstand des vai ist mit Ausnahme der Bauherrin Margarete Rhomberg männlich besetzt, ebenso sind im operativen Team derzeit keine weiblichen Mitglieder genannt.
elisabeth senn

Bürogebäude Firma Manahl, Neu- und Umbau

Bettina Götz
Richard Manahl, Theo Lang

Um Büroräume zu gewinnen, wurde bei der über hundertjährigen Holz- und Metallbaufirma auf eine bestehende Produktionshalle eine leichte Stahlbox aufgesetzt, unter deren vorspringender Glasnase Eingangs- und Erschließungsbereich zusammengefasst ist. Die gläserne Dachschräge setzt sich fort in einem Lichtband über dem zentralen Korridor im Obergeschoß. Unterm Dach bleibt die Stahlkonstruktion sichtbar und sorgt für Beschattung. Auf drei Seiten ist die Fassade mit silbrig schimmernden Aluschuppen, in die Fensterbänder eingelegt sind, überzogen. Die Fassadenelemente haben den Alterungsprozess mit Bravour gemeistert. Den Innenausbau bestimmen rote Sperrholzplatten. Stiegen und Möblierung sind aus Buchenholz. Die Bauteile und Baustoffe stammen vorwiegend aus firmeneigener Produktion. *gk*

■

6700 Bludenz-Bings, Dorfstraße 17
1990–93

Alten- u. Pflegeheim Gisingen

Regina Noldin

Rainer Noldin

Gisingen, nunmehr ein Stadtteil von Feldkirch, besitzt mit Kirche, Bank, Post und Volksschule noch immer eine eigene Identität. In der neuen Sozialstation finden neben einer Altenpflegestation auch ambulante Dienste und die öffentliche Bücherei Unterkunft. Im „offenen Haus" durchdringen sich Öffentliches und Privates. Der zweigeschoßige Eingangsbereich mit Café und Terrasse hinter großflächiger Verglasung öffnet sich zur Straße, den Blick nach oben geben drei kreisförmige Ausnehmungen im Flachdach frei. Die Erschließungsgänge für den U-förmigen Heimbereich liegen innen, erhalten aber genügend Licht durch den großzügigen Einsatz von Glas. Die 40 Einzelzimmer mit Sanitäreinheit in den Obergeschoßen sind zwar knapp bemessen, doch dafür sind ihnen Wohnbereiche mit Clubatmosphäre vorgelagert. *gk*

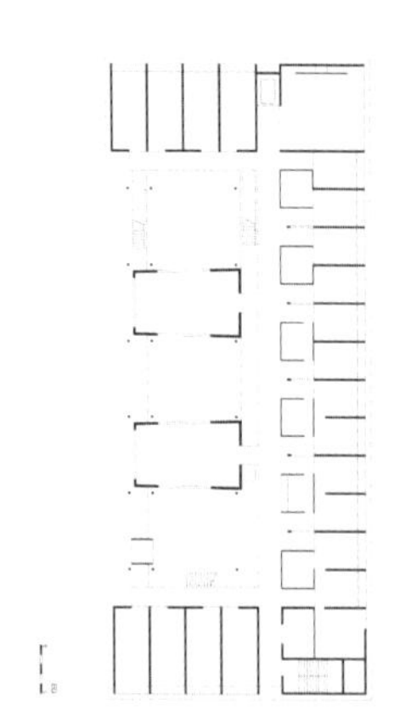

■

6800 Feldkirch, Groxstraße 1
1993–96

■ **Ökologisches Einfamilienhaus** ***6900 Bregenz, Manilusweg 8, 1998–99*** **Karin Simma-Strasser**

Büro- und Wohnhaus Marina Hämmerle

Eine Betonschachtel mit Lärchenholzschalung liegt als Exot zwischen traditionellen Einfamilienhäusern. In der Umkehrung des Üblichen befindet sich das Büro im ersten Stock und die Wohnung im Erdgeschoß, bedingt durch den 130 m^2 großen Badeteich an der Südseite des Hauses, zu dem über einen schmalen Holzsteg jeder Raum im Erdgeschoß, auch das Badezimmer, direkten Zugang zum Wasser hat. Dank der großzügigen Fensterfront sind die Spiegelungen in allen Räumen erlebbar. Die reduzierte Materialwahl – Sichtbeton, Gussasphalt, rot und gelb lasierte Platten – gibt den Innenräumen etwas Werkstattmäßiges. Ein ausgeklügeltes Energiesystem mit Wärmerückgewinnung, Erdwärmetauscher, Energiewert 10–14 kWh pro Quadratmeter und Jahr – d. i. fast ein Drittel des Wertes eines Energiesparhauses – ist hier exemplarisch realisiert. *gk*

■

6830 Rankweil, Hörnlingerstraße 43a
1997

Solarhauptschule

Ines Bösch

Reinhold Bösch

■

6842 Koblach, Rütti 11

1992–94

Der Gebäudekomplex steht auf einem langgestreckten Grundstück entlang eines Baches. Ostseitig ist der Verwaltungstrakt mit der öffentlichen Bücherei spitzwinkelig angedockt. Unter den langen offenen Sitztribünen beim Eingang verbergen sich die Fahrradständer. Das Foyer leitet über zu einer glasgedeckten Erschließungszone, die sich über die gesamte Länge und Höhe des Gebäudes entwickelt, den Turnsaal durch eine Glaswand (45 x 6 m) optisch einbezieht. Das konstruktive Skelett bilden 20 Betonpfeiler, zwischen denen sich der dreigeschoßige, nach Süden orientierte Klassentrakt stapelt. In die Glasfassade integrierte Luftkollektoren und ein ausgeklügeltes Luftverteilungs- und Regelsystem ermöglichen eine Mehrfachnutzung der Warmluft für Kühlung, Heizung und Warmwasseraufbereitung. *gk*

Ökologische Wohnanlage
Karin Simma-Strasser

6850 Dornbirn, Fahnacker 3+3a
2000–01

Die Wohnanlage wurde vorerst mit Misstrauen beäugt, ist doch dieser Stadtteil der einzige mit dörflicher Struktur und älterem Hausbestand. Die Besitzer der umliegenden Einfamilienhäuser bangten um ihre Wohnqualität. Obwohl der Bauträger maximale Dichte forderte, vermittelt die zweizeilige Anlage mit 32 Eigentumswohnungen und Tiefgarage Intimität und zugleich Großzügigkeit. Die zurückgesetzten Penthäuser auf den Dächern sind eine von der Architektin mitentwickelte Holzkonstruktion aus Modulen, wobei die weiten Vorsprünge den umlaufenden Dachterrassen Schutz geben. Die Laubengangerschließung erfolgt über einen zentralen Stiegenturm mit Lift. Gedeckte Terrassen aus Lärchenholz, gedeckte Zugänge und der dichte Bewuchs zwischen den Häuserzeilen haben die Integration in die Umgebung erleichtert. *gk*

Zweifamilienhaus ***6850 Dornbirn, Niederbahnstraße 12b, 1999*** **Karin Simma-Strasser**

Öko-Holzmodulhaus
Karin Simma-Strasser

Die Architektin hat sich schon lange mit baubiologischen Grundsätzen und traditionellen Zimmermannstechniken beschäftigt und Holzmodule mit 1,25 Meter Länge entwickelt. Ihr eigenes Fertigteilhaus ist eine Art Prototyp. Es steht nahe der Bundesstraße auf einer ebenen Wiese hinter Autohäusern und Supermärkten am Ostrand der Stadt. Auf den vor Ort gegossenen quadratischen Betonsockel wurden die vorgefertigten Holzelemente montiert und mit Schafwolle gedämmt. Die Decken sind eine für große Spannweiten geeignete Fischbauchkonstruktion. Um Speichermasse zu gewinnen, sind die Innenwände mit Lehm verputzt. Die Freiräume orientieren sich nach dem ruhigen Südosten: im Erdgeschoß mit gedeckter Terrasse vor dem Wohnraum, im Obergeschoß mit Dachterrasse, um die sich die Zimmer gruppieren. *gk*

■

6850 Dornbirn, Weidenweg 21
2000

■ **Bürogebäude, Zu- und Umbau** ***6850 Dornbirn, Bergmannstraße 18, 1996–98*** **Geli Salzmann, Christian Maier**

Tirol

Tirol, umringt von hohen Bergen und wenigen Außenöffnungen, fast ganz einem sich prostituierenden Tourismus verschrieben, in dem planende Köche und Baumeister, stets männlich, ihr Unwesen treiben, dieses Tirol hat sich, stark vorangetrieben von weiblichen Kräften, in den letzten Jahren geöffnet – politisch, kulturell und architektonisch.

Musste frau sich Mitte der 60er Jahre „noch besonders anstrengen, da sie einem Mann den Arbeitsplatz wegnimmt", indem sie die HTL-Hochbau besuchte, sind heute (zumindest zeitweise) ein Drittel der Architektur-Studierenden weiblich.

In der ersten Hälfte des letzten Jahrhunderts gingen einige wenige Frauen zum Studium nach Wien, Graz, München oder Zürich, nur wenige kamen zurück und noch weniger übten ihren Beruf auch aus. Einige standen in der Öffentlichkeit als starke Frauen ungenannt hinter (wie Verena Achammer, Eva-Maria Zenz) oder bestenfalls neben (wie Christa Zelger, Charlotte Pfeiler oder Christl Stiegler) ihren erfolgreichen Architektenmännern, ungenannt auch im Architekturführer Friedrich Achleitners.

Erst die Ausstellung „Phänomenologie der Ungleichzeitigkeit" von Arno Ritter im „Architekturforum Tirol" 1997 brachte diese Architektinnen mit ihren Bauten ins Bewusstsein der männlich dominierten Architekturszene.

1954 trat Charlotte Pfeiler (Jg. 1923; seit 1962 mit eigener Befugnis) in die bauliche Öffentlichkeit mit der Marienkirche Wattens, und Bauten wie der Doppelvolksschule Reichenau; 1956 Christa Zelger (Jg. 1926) mit dem Schwesternheim der Uni Innsbruck; 1966 Christl Stiegler (Jg. 1930; seit 1976 mit eigener Befugnis) mit Bauten wie dem Café Be-B, lange Zeit die modernste Bar Innsbrucks.

Zwischen 1960 und 1980 ist seit 1977 Margarethe Heubacher-Sentobe als erste Frau mit eigenem Architekturbüro vertreten und Bauten wie dem Haus W. in Schwaz 1979. In der Ausstellung „Architektur in Tirol 1982" ist sie als einzige Architektin von 25 TeilnehmerInnen genannt, also ganze 4%.

In der Tiroler Wanderausstellung „Autochthone Architektur" 1992 kam

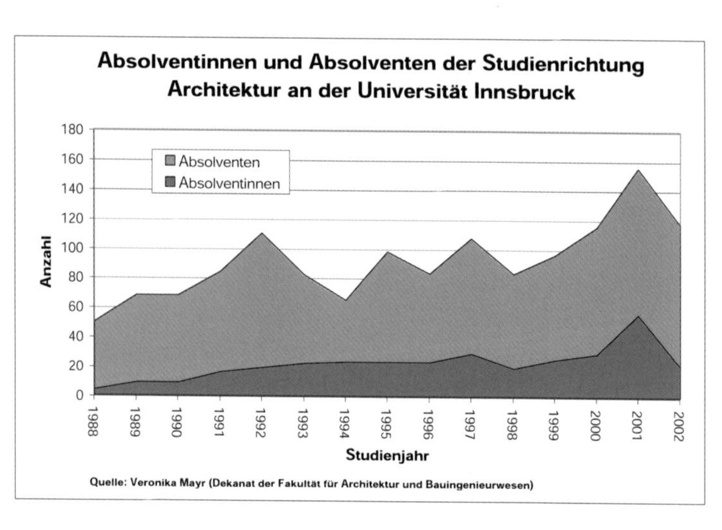

Quelle: Veronika Mayr (Dekanat der Fakultät für Architektur und Bauingenieurwesen)

Marta Schreieck dazu, zwei unter 16 Projekten, immerhin schon 12%!

Im Buch *Neue Architektur in Tirol* 1998 von Liesbeth Waechter-Böhm steigt der Architektinnenanteil auf 16%, in Otto Kapfingers Architekturführer *Bauen in Tirol seit 1980* (hg. vom Architekturforum Tirol, 2002) sind es 12%, um ein Jahr später 2003 in Ausstellung und Buch *Austria West. Tirol Vorarlberg – Neue Architektur,* ebenfalls von Liesbeth Waechter-Böhm herausgegeben, weiter auf 11% zu sinken.

Trotzdem: Im gesamten architektonisch öffentlichen Leben Tirols treten Architektinnen jedenfalls zunehmend häufiger und selbstbewusster auf. Auch der die Architektur mit betreffende Verwaltungsbereich ist in Innsbruck nicht mehr rein männlich: neben Hilde Zach, Österreichs erster Bürgermeisterin einer Landeshauptstadt, ist mit Erika Schmeissner-Schmid eine Architektin seit sieben Jahren Stadtplanungschefin und mit Elisabeth Bader seit kurzem eine Frau Verantwortliche der Bau- und Feuerpolizei.

elisabeth senn

Fakultätsgebäude für Sozialwissenschaft (SOWI)

Marta Schreieck

Dieter Henke

Die SOWI besetzt einen städtebaulich wichtigen Ort zwischen der Innenstadt und dem Hofgarten, an dem 300 Jahre lang ein Kloster- und Kasernenbau stand, um dessen Erhalt erbittert gekämpft wurde. Inzwischen ist hier ein von allen Seiten zugänglicher Kosmos mit „offener Universität", Büros, Bistros und Geschäften entstanden. Trotz einer Länge von 180 Metern wirken die parallel laufenden Trakte durchlässig und transparent. Zum Hofgarten hin schieben sich die zum Teil in die Erde abgesenkten, im Grundriss trapezförmigen Hörsäle aus dem Gebäude heraus, während südseitig Mensa und Bibliothek einen sanften Bogen zeichnen. Die Erschließungshalle reicht über alle Etagen; Treppen und Podeste schwingen sich bis unters innovative Glasdach mit einer Ausdehnung von 1700 m^2, das allerdings den Lasten nicht standgehalten hat. *gk*

■

6020 Innsbruck, Universitätsstraße/ Kaiserjägerstraße

1994–98

■ **Villa mit Veranda und Hallenbad, Zu- und Umbau** ***6020 Innsbruck-Mühlau, Schlossfeld 9, 1996–98*** **Niki Ezra Petersen**

Kloster Karmel St. Josef
Margarethe Heubacher-Sentobe

Nachdem die Stadt durch zunehmende Verdichtung den seit 1846 in Wilten ansässigen Karmelitinnen zu nahe gerückt war, fand sich ein neuer Standort mit Panoramablick am Abhang der Nordkette. Der in den Steilhang geschichtete und zur Hälfte in den Hang eingegrabene, großzügige Gebäudekomplex ist windradartig um einen zentralen Klausurhof angeordnet. Die Höhenentwicklung mit bis zu fünf Stockwerken passt sich dem Gelände an und schließt auch die Kirche, innenräumlich gestaltet von Leo Zogmayer, mit dem Karmeliterkreuz im Glockenturm ein. Im Südtrakt befinden sich im Ober- und im ersten Untergeschoß die Wohnzellen mit vorgelagerten Loggien, dazwischen liegen auf der Ebene des Klausurhofes alle Gemeinschaftsräume und eine große Terrasse. Die kompromisslose Zeichenhaftigkeit des Objekts unterstreicht die geforderte Einfachheit und Strenge, die kluge Planung ermöglicht eine eventuelle Nachnutzung. *gk*

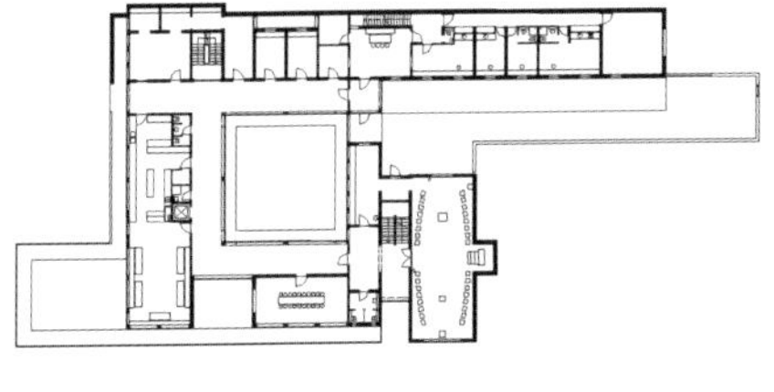

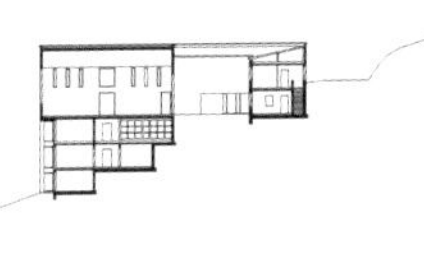

6025 Innsbruck-Mühlau,
Karmelweg 1
1999–2003
Kunst: Leo Zogmayer

Allgemeines Rechenzentrum, Bürogebäude
Evelyn Achhorner

■

6020 Innsbruck, Anton-Melzer-Straße 11
2001–02

Das Bürohaus mit der rot gebänderten Fassade markiert einen Ruhepol im hektischen Verkehrstreiben am Südring. Begrüntes Dach, eingezogenes Erdgeschoß und durch Pfeiler abgestützte Vorplätze an der Ost- und Westseite verleihen dem 75 Meter langen, viergeschoßigen Kubus schwebende Leichtigkeit, die des Nachts durch Bodenscheinwerfer verstärkt wird. Im Inneren beherbergt das konventionell durch einen Mittelgang erschlossene Gebäude 300 Bildschirmarbeitsplätze mit einem eigens entwickelten Lichtsystem. Die Speziallamellen zwischen den Scheiben der vorgehängten Hightech-Glasfassade richten sich selbsttätig nach Sonnenstand bzw. Intensität der Lichteinstrahlung und verteilen das Tageslicht gleichmäßig in alle Büroräume. *gk*

■ **SOS-Kinderdorf, Mädchenwohnhaus Hötting** ***6020 Innsbruck, Lohbachufer 16, 1997–99*** **Renate Benedikter-Fuchs, Karlheinz Peer**

Sprungschanze Berg Isel
Zaha Hadid

Zweimal wurde die von Architektin Zaha Hadid und von dem Ziviltechnikerteam aste konstruktion geplante Sprungschanze Bergisel ausgezeichnet: Der Staatspreis „Consulting 2002" würdigte die harmonische Vereinigung von Ingenieurbaukunst und außergewöhnlicher Architektur. Die Tragwerksplanung, die statisch wie optisch enorme Anforderungen stellt, beeindruckte die Jury. Die technische Lösung für den Schanzenkopf ermöglichte die Gestaltung des darunter liegenden Restaurants ohne sichtbare Konstruktionsteile. Die Jury des Staatspreises „Architektur für Tourismus und Freizeit" betonte in ihrer Entscheidung, dass es der Architektin gelungen sei, die am Kopf der Schanze konzentrierten Funktionen wie Café und Aussichtsterrasse mit der Anlauframpe zu einer Großform zu verbinden und damit ein weithin sichtbares Zeichen für die kulturelle Öffnung Tirols geschaffen zu haben. *gk*

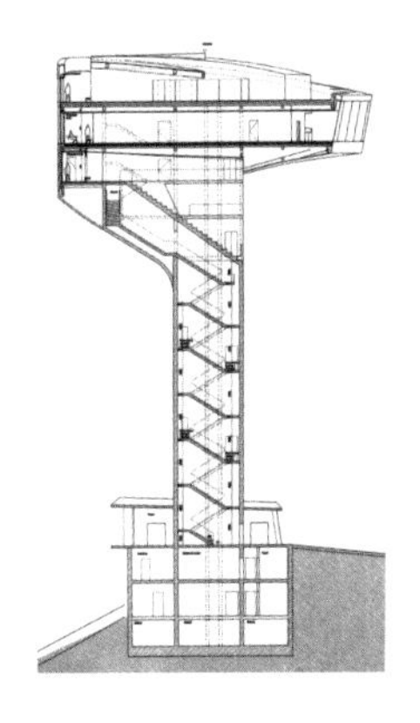

6020 Innsbruck, Berg Isel
2001–02
Statik: Consulting Christian Aste

Wohnanlage

Ines Bösch

Reinhold Bösch

Entgegen dem damals gültigen Flächenwidmungsplan und den Ergebnissen eines geladenen Wettbewerbs wünschte sich die „Neue Heimat" auf dem leicht geneigten Südhang eine höhere Verdichtung. Damit erhöhte sich für die Wettbewerbssieger die Anzahl der Wohneinheiten um ca. ein Drittel auf 110. Die Wohnanlage hält Abstand zu den Nachbarn, sie orientiert sich an der raumbildenden Topografie der Tiroler Ortskerne mit räumlicher Eigenständigkeit und unterschiedlicher Höhenentwicklung der einzelnen Objekte. Die behindertengerechte, fußläufige Erschließung erfolgt über ein differenziertes netzartiges Wegesystem, das jedem Haus den Zugang von beiden Seiten ermöglicht. Die Wohnungstüren liegen nicht in einem herkömmlichen Treppenhaus, sondern in den verglasten Zwischenräumen zwischen den kleinen Hauseinheiten. *gk*

■

6020 Innsbruck-Arzl,
Arzler Straße 36–46
1990–92

■ **Stadtcafé** ***6020 Innsbruck, Universitätsstraße 1, 1994–95*** **Ines Bösch, Reinhold Bösch**

Schul-/Sportanlage Dr. Posch

Inge Andritz

Feria Gharakhanzadeh, Bruno Sandbichler

Die Anlage mit dem Namen des verdienstvollen Haller Bürgermeisters umfasst neben einer zehnklassigen Hauptschule mit zwei Turnsälen und einer Kletterwand auch eine Tiefgarage mit Tageslicht bis ins dritte Untergeschoß, Vereinsräume, einen Eislauf- und einen Kinderspielplatz sowie einen Park auf rund 10.000 m² am Rande der denkmalgeschützten Altstadt. Die erheblichen Baumassen sind über Eck gesetzt und bewahren damit ein Maximum an Freifläche. Die Nutzungen sind gebündelt, doch jeder Nutzer hat seinen separaten Zugang. Das bis unters Dach reichende Foyer der Schule ist flankiert von den beiden abgesenkten Turnhallen, deren Decken zu Pausenhöfen ausgebildet sind, um die sich in den beiden Obergeschoßen die Klassenräume gruppieren. Transparenz, Durchlässigkeit und räumliche Vielfalt verschränken Innen- und Außenraum. *gk*

■

6060 Hall in Tirol, Gerbergasse 2
1996–98

■ **Sozialer Wohnbau** *6370 Kitzbühel, Pfarrau 20, 2001–03* **Karin Kopecky, Planungsbüro Kometer & Partner GmbH, Rum/Innsbruck**

Parkhotel
Marta Schreieck
Dieter Henke

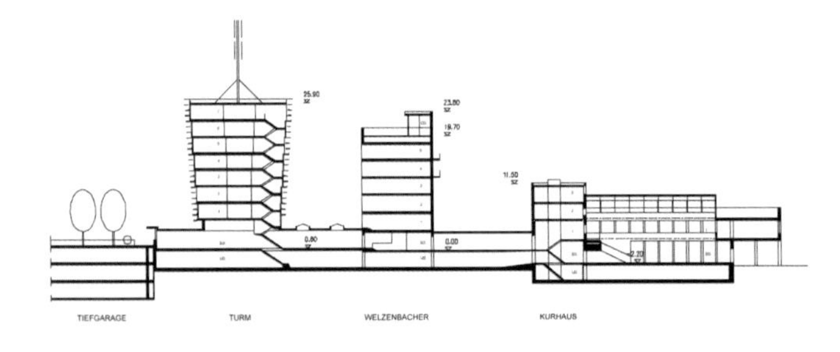

Eine Architekteninitiative hatte seinerzeit das bis zur Unkenntlichkeit veränderte Turmhotel von Lois Welzenbacher vor dem Abriss bewahrt. In der Folge sollte es nicht nur revitalisiert, sondern mittels baulicher Erweiterung in ein rentables Seminar- und Wellnesshotel verwandelt werden. Im Wettbewerbsverfahren erhielten nach längeren Diskussionen die Zweitgereihten den Auftrag. Sie haben die Architekturikone in den Originalzustand zurückgeführt und zugleich behutsam technisch aufgerüstet. Zur Erweiterung wurde dem massiven weißen Turm ein dunkler, gläserner, sich nach oben weitender Rundbau an die Seite gestellt. Er hat zwar das doppelte Volumen, wirkt aber optisch annähernd gleich. Die Zimmer mit fantastischem Panorama haben den Zuschnitt eines Tortenstücks und werden von Stockwerk zu Stockwerk geräumiger. Ein verglaster Flachbau mit vorgelagerter Terrasse schafft eine einheitliche Sockelzone und damit eine Verbindung bis zum südlich angrenzenden Kurhaus. Und der öffentliche Park blieb in seiner Ausdehnung fast unberührt. *gk*

■
6060 Hall in Tirol,
Thurnfeldgasse 1
2001–03

■ **Fachhochschule** *6330 Kufstein, Andreas-Hofer-Straße 7, 1999–2001* **Marta Schreieck, Dieter Henke**

Mpreis Absam, Gewerbebau

Elisabeth Senn

Georg Pendl

Gegen den angrenzenden Hang wird der Lebensmittelmarkt abgesichert durch große, mit duftenden Kräutern bewachsene Granitblöcke, was ebenso wie die erdige, warme Rottönung der Außenhaut aus beschichteten Sperrholzplatten Assoziationen zum ehemaligen nahe gelegenen Salzbergwerk weckt. Innen herrscht kühle Frische, denn je nach Lichteinfall wechselt die Wandfarbe von zitronengelb bis apfelgrün. Das Gebäude, in dessen Obergeschoß zwei Mietobjekte Platz finden, ist, mit Ausnahme des Sockels, ein Holzbau aus vorgefertigten Elementen. Die Belichtung erfolgt durch in das flache Foliendach eingebaute Lichtbänder bzw. Deckenleuchten und durch die in geometrischen Formen angeordneten, die Landschaft rahmenden Fensteröffnungen. Erdkollektoren unter dem Parkplatz liefern Kühlung im Sommer und Wärme im Winter. *gk*

■

6067 Absam, Dörferstraße 4

2002–03

■ **Doppelhaus G/J** *6020 Innsbruck-Vill, Handlhofweg 4–4a, 1999–2001* **Regina Noldin, Rainer Noldin**

Einfamilienhaus
Julia Fügenschuh
Christof Hrdlovits

Das Restgrundstück am Übergang zwischen neu erschlossenem Siedlungsgebiet und Freiland war günstig zu kriegen, aber schwer zu bebauen. Auf dem schmalen, sich leicht verbreiternden Streifen blieb nur die Ausdehnung in der Nord-Süd-Richtung. 26 Meter lang und vier Meter breit drängt sich der mit grauen Eternitplatten verkleidete Baukörper zwischen die massigen Nachbarn. Gegen Einblicke von der Seite wehrt man sich durch schmale Oberlichten. Die Landschaft auf der unverbaubaren Südseite wird durch eine Glasfront ins Haus geholt. Die geschützte Dachterrasse im dritten Obergeschoß dient zugleich als Lichthof. Der mittige Eingang und Autoabstellplatz trennt die beiden Wohneinheiten, die ein flaches, parallel zum Hang verlaufendes Pultdach deckt. *gk*

■
6091 Götzens,
Josef-Abentung-Weg 13
1998–99

■ **Einfamilienhaus** ***6074 Rinn, Dorfstraße 2b, 1996–2000*** **Ursula Ortner-Mahuschek, Alois Ortner**

Einfamilienhaus
Margarethe Heubacher-Sentobe

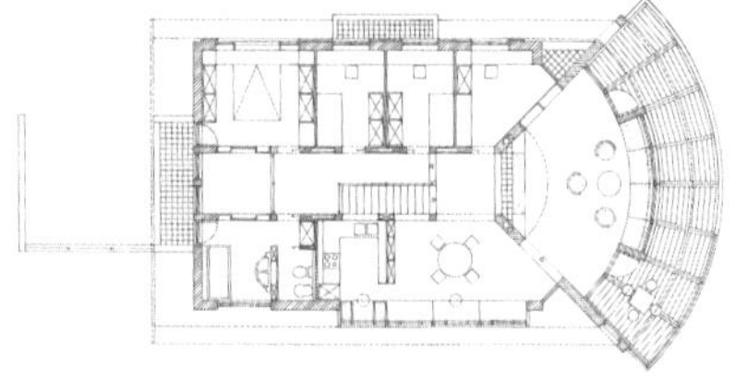

6130 Schwaz, Pirchanger 6a
1985–87

Viele Gesichter hat das Einfamilienhaus an einem Nordhang oberhalb der Stadt, über 15 Jahre nach seiner Fertigstellung liegt es noch immer im Grünen. Zwei Baukörper, angelegt parallel zur Hangkante und teilweise eingegraben, kommunizieren miteinander: Abgehend von einem breiten Podest befinden sich im rechteckigen Bauteil Schlafräume, Küche und Essplatz. Das Kreissegment ist offen für Wohnzwecke, alles ist einheitlich in hellem Ahorn furniert. Dieser zweigeschoßige erkerartige Teil an der Nordwestseite mit fächerförmigem Vordach und großen Glasfassaden markiert das urbane, der Stadt zugewandte Element, bei den bergseitigen Schlafräumen an der Südseite vermitteln die Schiebeläden der Fenster ländliches Flair. Doch in jede Richtung weitet sich der Blick und nimmt die Umgebung im Cinemascope-Format wahr. *gk*

■ **Haus W.** ***6170 Zirl, Kaiserstandweg 20, 1996–97*** **Julia Fügenschuh, Christof Hrdlovits**

Einfamilienhaus für Pianisten
Margarethe Heubacher-Sentobe

Weit hinten im steilen Hochtal hat der Pianist und Komponist Thomas Larcher ein Domizil für seine Klaviere gefunden. Der Baukörper ist gegen den nahezu unverletzten Steilhang gestellt und in die vorhandene Grundfläche zentimetergenau eingepasst. Die vier Wandscheiben – drei davon in jeweils drei Pfeiler aufgelöst – rücken trichterförmig nach außen und oben. Gedeckt wurde mit einem gegenläufig zum Hang abgestuften Pultdach aus Nirosta. Vom Eingang in der obersten Etage führt eine einläufige Treppe nach unten. Das weiß verputzte Innere wird von dem über zwei Geschoße reichenden Atelier beherrscht. Die übrigen Räume sind auf das Wesentliche reduziert. Die in schmale Holzrahmen eingespannten Glasscheiben werden mit jedem Pfeilertakt höher und lassen den Blick in drei Himmelsrichtungen schweifen. *gk*

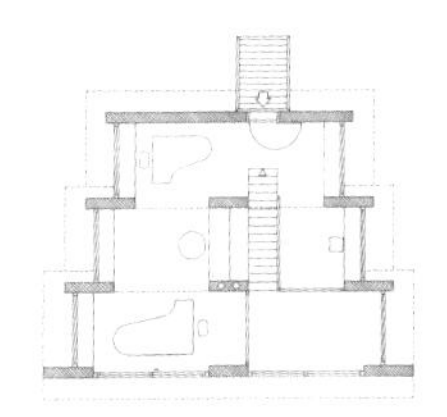

■
6133 Weerberg, Innerst 183b
1995–96

■ **Haus und Atelier Fügenschuh/Hrdlovits, Um- und Ausbau eines alten Bauernhauses**
6170 Zirl, Schöngasse 9, 1999–2001 **Julia Fügenschuh, Christof Hrdlovits**

Mpreis, Gewerbebau

Astrid Tschapeller

Rainer Köberl

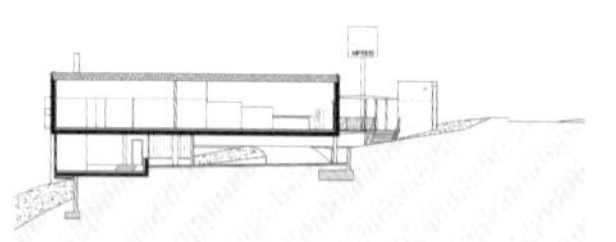

Ein U-förmiger Betontrog mit zartem Metalldach schwebt über dem Hang am südlichen Dorfrand. An der Stirnseite sind von der vorbeiführenden Straße aus hinter raumhohen Glasfassaden die Regale mit den bunten Angeboten zu sehen. Auch die seitlichen Betonwände ziehen mit ihren minimalistischen Wolkenschnitten die Aufmerksamkeit auf sich. Auf Straßenniveau erfolgt der Zugang über einen schmalen, die Warenzustellung über einen breiten Steg. Zur tieferliegenden Parkterrasse, die witterungsgeschützt zum Teil bis unter den aufgeständerten Baukörper reicht, und zu den Lagerräumen mit Glasfronten führt eine breite Rampe. Der schwarze Kunstharzboden mit Alusplittern, die dunkelroten Wandelemente und die silbrige Decke aus Trapezblechen geben der marktüblichen Verkaufshalle einen Touch ins Außergewöhnliche. *gk*

■

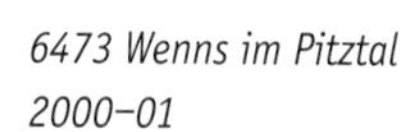

6473 Wenns im Pitztal
2000–01

■ **Jugendnotschlafstelle „Chill Out"** ***6020 Innsbruck, Heiliggeiststraße 8, 1998–99***
Astrid Tschapeller, Rainer Köberl

Mpreis Kramsach, Gewerbebau

Elisabeth Senn
Georg Pendl

Im diffusen Mischgebiet am östlichen Ortsrand dient der exakt nord-süd-gerichtete Lebensmittelmarkt als Orientierungspunkt. Wie Keile schieben sich die beiden Baukörper ineinander. Der nördliche Teil mit dem Café steigt zur Straße hin an und ist rundum verglast mit Aussicht auf die Gipfel des Rofangebirges. Eine weitere Belichtung erfolgt an der Ost- und an der Westseite über die den Baukörper betonende, keilförmige Verglasung unterhalb der ansteigenden Dachkante. Schatten spenden Aluminiumlamellen und verzinkte Streckmetallfelder. Der Keller und die südliche Rückwand sind betoniert, Wände und Decken aus Holzfertigteilen, an den Außenseiten mit dunkelbraunen Schalungstafeln bestückt. Die inneren Oberflächen sind mit hellen Fichtenschichtholzplatten verkleidet. *gk*

■

6233 Kramsach, Hauptstraße 159
1999–2000

■ **Autohaus Wörndle, Gewerbebau** *6212 Maurach 79, 1997–98* **Elisabeth Senn, Georg Pendl**

Bau- und Möbeltischlerei Thaler

Ursina Thaler-Brunner

Norbert Thaler

Wie bunte Spielklötze lagern drei leicht versetzte Kuben und ein Zylinder – Werkstätte, Büro, Lager, Hackschnitzelsilo – zwischen Kiesgrube, Bach und Wiese. Die große Werkhalle mit 13 Jochen ist stützenfrei, die Holzfassadenkonstruktion mit einem halben Meter Bautiefe nimmt das Stützsystem auf, zwei Fensterbänder unterm Dach sorgen für die Belichtung. Der vorgelagerte längliche Bürotrakt mit kastenförmigen Fenstern steht auf einem Dutzend Betonrippen, um den Höhenunterschied auszugleichen. Belebt werden die Fassaden durch die Anordnung der Fenster, die Art der Verlegung und die Farbwahl. Honiggelb, Toskanarot, Graphitgrau und Weiß verschmelzen mit dem Grün der Umgebung zu einer ungewöhnlichen Farbsymphonie. *gk*

■

6252 Breitenbach, Schönau 62
1994–95

Modeboutique, Umbau
Monika Gogl

■
6370 Kitzbühel, Heroldstraße 15
2002

Nahe der Hahnenkammtalstation wurde eine Hälfte eines rustikalen Doppelhauses aus der Mitte des vorigen Jahrhunderts in ein elegantes Stadthaus verwandelt und dient nun als Hülle für ein Modegeschäft.
In Abwandlung der traditionellen alpenländischen Holzbalken bekam die Fensterreihe im ersten Obergeschoß vorgehängte Steinglasbalken aus Alabaster, die das Haus zum Blickfang der Straße machen. Im Obergeschoß wurde eine Gipsschale mit integrierter Beleuchtung unter das bestehende Satteldach gehängt. Eine über beide Einkaufsebenen reichende Lichtskulptur, Umkleidekabinen als Raummöbel aus exquisiten Materialien, schwebende Verkaufspulte und wandintegrierte Stellflächen schaffen eine sinnliche Atmosphäre, die sich gegen die puristischen Tendenzen des Shoppingdesigns stemmt. *gk*

■ **Bar „Jimmy's"** ***6370 Kitzbühel, Vorderstadt 31, 2001*** **Monika Gogl**

Wohnhaus
Regina Pizzini

■

6441 Niederthei 104
1994–96

Das Panorama der Ötztaler Alpen ist Hintergrund und Inspiration für dieses Einfamilienhaus mit fließenden Übergängen zwischen Innen und Außen. Die Hanglage mit einem Höhenunterschied von zehn Metern bedingt eine vertikale Entwicklung über einem massiven Sockel aus Stahlbeton, der in der Höhe in eine offene Holz-Glas-Konstruktion übergeht. Das Innere ist ein spielerisch gestaltetes Gesamtvolumen mit einem schräg hineingekippten und einem zweiten, in der Fassade rot auskragenden Würfel, der die Landschaft rahmt. Beide Würfel bilden auf verschiedenen Ebenen offene Räume, akzentuiert durch intensive Farbigkeit und erschlossen durch Treppen, die infolge ihrer fugenlosen Oberflächen skulpturale Qualitäten aufweisen. *gk*

■ **Villa Rasilla, Ferienhaus** ***6534 Serfaus, Lourdessiedlung, 2001*** **Regina Noldin, Rainer Noldin**

Fuchsmoser Lacke, Landschaftsarchitektur

Elisabeth Senn

Georg Pendl

Das Landschaftsprojekt, eingebettet zwischen vorgeschichtlichem Brandopferplatz und zeitgenössischem Skulpturenpark, ist Teil eines Kulturweges, der dem historischen Übergang am Piller Sattel folgt. Im Zuge einer Meliorisierung entstand zwischen Hochwald und Straße ein idyllischer Bergsee, dessen 50 Meter langer Zulauf mit einfachen Mitteln und lokalen Materialien bearbeitet wurde. Große Granitblöcke verwandeln den Bach, dessen Wasser aus einer schräg angeschnittenen Betonröhre kommt, in eine begehbare Skulptur. Ein Teil des Baches versickert, während ein anderer Teil über eine schmale Stahlrinne umgeleitet ein kleines Wasserrad betreibt, bevor sich alles Wasser wieder in einem Naturbecken sammelt. Der gestalterische Eingriff visualisiert das Spannungsfeld Natur und Mensch. *gk*

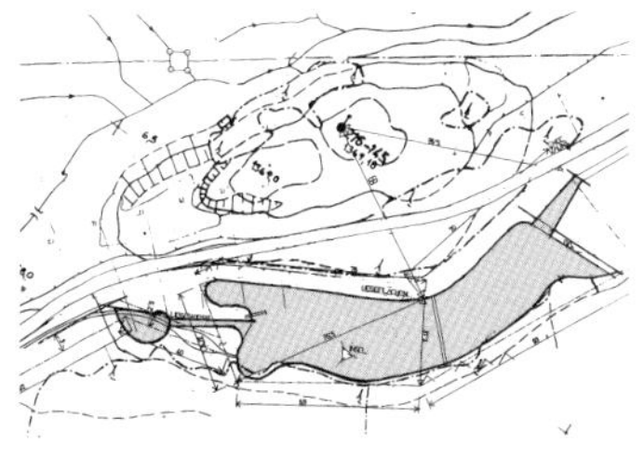

■

6473 Wenns-Piller, Landesstraße

1994

■ **Keuchengarten Schloss Ambras** *6020 Innsbruck, Schlossstraße 20, 1997* **Maria Auböck, Janos Karasz**

Wirtschaftskammer Tirol

Renate Benedikter-Fuchs
Karlheinz Peer

Die langgestreckte, raffinierte Schachtel mit Südterrasse und fast unsichtbarem Satteldach sitzt an einer Geländekante über der Drau. Im Erdgeschoß ist ein Anbau mit einer Fassade aus Lärchenholzlatten eingeschoben, darüber setzen die Stülpschalung aus Eternit und die Alulamellenhaut vor den Glasflächen reizvolle Kontraste. Der Baukörper enthält vielfältige Funktionen: Büros, Besprechungs- und Seminarräume, einen technisch bestens ausgestatteten Festsaal im ersten Obergeschoß sowie die Hausmeisterwohnung. Als Dreh- und Angelpunkt fungiert das großzügige Foyer. Unter einer Galerie hindurch gelangt man in einen zweigeschoßigen Raum, in den der betonierte Stiegenhausturm mit rauer Bretterschalung eingestellt ist. Sichtbeton, Glas und Holz sind die dominanten, konsequent nuancierten Materialien. *gk*

■

9900 Lienz, Amlacherstraße 10
1995–98

■ **Trade Center Bozen, Baulos P6, P7** ***I-39100 Bozen, Esperantostraße 3, 1999–2003***
Renate Benedikter-Fuchs, Karlheinz Peer

Haus Platzer

Monika Gogl

Marianne Durig, Hans-Peter Machné

Niedrige Trockenmauern, die traditionell die Felder begrenzen, sind zu einem landschaftsgestaltenden Element geworden. Eine solche Mauer, von den Bauherren eigenhändig gesammelt, grenzte auch den Baugrund ein. Daher wurde das Mauerthema bei der Planung wieder aufgenommen. An der Hangseite ist der geschwungenen Ziegelfassade des Schlaftrakts eine Schicht aus Findlingen vorgeblendet. Als eigener Bauteil setzt sich davon der holzverschalte Wohnbereich mit Terrasse ab. Das leicht gewölbte, ansteigende Stahlbetondach verbindet sich durch Höhe und Begrünung mit der Umgebung und integriert so auf sensible und zurückhaltende Weise das gesamte Haus in die Natur- und Kulturlandschaft. *gk*

9991 Dölsach 162
2000

Kärnten

Die Sichtbaren und die Unsichtbaren...
Wirtschaftliche Prosperität und Entwicklungsdynamik zählen nicht zu den Stärken des südlichsten Bundeslandes Österreichs. Kärnten, eine Region fernab der fachbezogenen Studienplätze, in sich geschlossen, von Gebirgen umgeben, nicht so hoch, als dass Mann gleich wie Frau den Zwang verspürte, nachzuschauen, was dahinter wohl sei, doch hoch genug, den Blick nicht weit schweifen zu lassen, um wahrzunehmen, dass es neben dem Gebrauch der heimischen Landschaft auch noch – ganz nah – weitere Horizonte gibt.

Das Bedürfnis, Austausch zu pflegen, wird meist im engen Kreis befriedigt, wirkliche Offenheit selten gelernt; Kritik erzeugt vielfach Ängste, wohlwollende Impulse werden oft als erstere missinterpretiert. Die angedeuteten inneren Wesensverhältnisse gepaart mit wirtschaftlichem Bewegungsmangel hemmen konstant die Entwicklung der Baukultur im Lande und können auf die Situation der ArchitektInnen nahtlos übertragen werden.

Bis in die 90er Jahre des 20. Jahrhunderts war die Anzahl der weiblichen Architekturstudierenden marginal, nimmt seither aber stetig zu; der Anteil der Absolventinnen, die sich für eine freie Berufsausübung im Lande Kärnten entschieden, war und ist nach wie vor (Gründe s. o.) gering; tun sie dies dennoch, zieht sie häufig Familienarbeit – zeitweise bis ganz – von dauerhaft eigenständiger Arbeit ab.

Frischimportierte, also ArchitektInnen, die während der Studienjahre die Gelegenheit genützt hatten, die Herkunftsgegend mit Distanz zu betrachten, Neues aufzusaugen und voller Energie und Schaffensfreude zurückzukehren, wenden sich aus den angeführten Gründen bald wieder ab oder verlieren, korrelierend mit der Länge der Anwesenheit im Lande, ihre konstruktive Energie und Frische.

Blickt man/frau auf die Erstlingswerke, so sind dies häufig die besseren Würfe, doch auch diese halten einem über die Region hinausgehenden Vergleich selten stand.

Frauen, so scheint es, neigen dazu, als „Zuarbeiterinnen" in zweiter oder dritter Reihe abhängig tätig zu sein, auf Befugniserwerb und damit „offizielle"

Kaufhaus Kastner & Öhler
9020 Klagenfurt, Feldmarschall-Conrad-Platz 11
1977–78
Adele Kriegl

Präsenz und Unabhängigkeit zu verzichten. Vielleicht mag die Einschätzung der nach wie vor männlich geprägten Entscheidungs- und Vergabestrukturen zu dieser Wegentscheidung beitragen.

Pionierin und erste Ziviltechnikerin in Kärnten ist die Tirolerin Liesl Baudisch (vormals Assistentin bei Lois Welzenbacher an der Akademie der bildenden Künste in Wien), welche in Partnerschaft mit Eberhard Klaura ab 1955 in Klagenfurt ca. 15 Jahre lang freischaffend tätig war. Sie berichtet von peinlichen Übergriffsversuchen durch Beamte und Vertreter von Auftraggebern, während sie die Situation auf der Baustelle und den Dialog mit den Handwerkern als konstruktiv und frei von Sexismus schildert. Die Büropartnerschaft ermöglichte ein Aufteilen der Tätigkeiten und somit ein Vermeiden der genannten Konfrontationen.

Adele Kriegl, die in Pressburg maturiert hatte, zog nach dem Studium in Prag 1946 nach Klagenfurt und war ab 1962 freischaffend tätig. Die Frage, wie es ihr als Frau gelungen sei, zu Aufträgen zu kommen, beantwortet sie so: „Man muss besser als die Männer sein, gleich darf man nicht sein“, und: „Mit der Zeit lernt man verschiedene Leute kennen, wenn sie einen nicht vergessen, dann kriegt man einen kleinen Fisch, später kriegt man vielleicht einen größeren.“

Grete Schütte-Lihotzky, die Grande Dame der Architektur, hat im Zuge ihrer Wanderarchitektinnenschaft auch Klagenfurt einen Baustein hinterlassen, nämlich das heutige Ensembletheater.

Schlägt man in der Fachliteratur nach, so trifft man in Friedrich Achleitners Architekturführer (*Österreichische Architektur im 20. Jahrhundert,* Teil Kärnten, erschienen 1983) auf ganze drei Nennungen von Architekturen, deren Autorenschaft weiblich ist:

Gerda Missoni, Realisierung des Hauses Ofner in Wolfsberg, 1970–72, in Kollaboration mit ihrem Partner Herbert Missoni (lebt in Graz, ist/war beamtet tätig).

Heidi Rinofner, die aus Wien zugezogen 1975 in Villach ihr Büro eröffnete, war vorwiegend im öffentlichen Bereich

Ensembletheater
9020 Klagenfurt, Südbahngürtel 24
1950
Margarethe Schütte-Lihotzky

und im Wohnbau tätig, immer wieder auch in Arbeitsgemeinschaften mit Michael und Hedy Wachberger oder Gernot Kulterer.

Eva Rubin, ebenfalls aus Wien, die mit dem Zubau Grollitsch in Sekull (1978–79) genannt wurde und sich im Nahfeld der anthroposophischen Bewegung der Organik und Verwendung natürlicher Baustoffe verpflichtet.

In Beny Meiers Buch *Architektur in Kärnten 1980–1992,* herausgegeben von der Zentralvereinigung der ArchitektInnen, der Trägerorganisation des nunmehr über zehn Jahre existenten Kärntner „Hauses der Architektur“, erweitert sich der Kreis der Architektinnen um die Namen Gorgona Böhm (Wien), Marta Gärtner, Sonja Gasparin, Andrea Ronacher und Margit Ulama (Wien), im Buch *Junge Architektur in Kärnten* (1996) gesellt sich noch Klaudia Ruck hinzu.

Initiativen wie „Junge Architektur in Kärnten“ waren letztlich Minderheitenprogramme, Ausstellungen wie „wonderland“ bringen frischen Wind und mehr Frauen in den Blickpunkt der Öffentlichkeit.

Was bleibt, ist die ungebrochene – aber angesichts der Geschichte relativ naive – Hoffnung auf das breite Erkennen der Notwendigkeit und Umwegrentabilität von engagierter Architektur.

Sonja Gasparin

Pfarrzentrum St. Theresia
Eva Rubin

Eine klare, funktionelle Angelegenheit. Beton, Holz und Glas dominieren einen bestens belichteten, in allen Räumen höchst freundlichen Bau von flexiblem Zuschnitt und in der Tradition eines modernen Regionalismus. Der Dialog mit dem Hof, zu dem sich das Gebäude über eine großzügige Verglasung öffnet, tut das Seine zur Förderung der Atmosphäre. Der Hauptraum, der rasch vom Vortragssaal in einen Übungsraum oder zum Restaurant mutieren kann, ist von einer Deckenkonstruktion geprägt, in der sich Sattel- und Pultdach gleichsam überschneiden. Aus dieser Überschneidung resultiert ein die Raumverglasung noch ergänzendes Oberlicht über die gesamte Länge des Raums. *wt*

■
9020 Klagenfurt,
Auer-von-Welsbach-Straße 15
1996–98

■ Musikschule, Revitalisierung mit neuer Eingangs- und Stiegenhausgestaltung ***9020 Klagenfurt, Theatergasse 4, 1993–96*** **Eva Rubin**

Jugendhaus Klagenfurt, SOS-Kinderdorf

Renate Benedikter-Fuchs

Karlheinz Peer

Die Villa aus den siebziger Jahren in einem idyllischen Park war abgewohnt und nicht mehr funktional. Statt eines Abrisses wurde der Altbau entkernt und an der Westseite, verbunden mit einem Treppenhaus, um einen Wohntrakt für 16 Jugendliche erweitert. Raumhohe Fenster, transparenter Sonnenschutz und schmale Balkone mit Geländern aus filigranem Maschendraht erweitern die Zimmer nach außen. Den Wohnräumen vorgelagert ist in allen Geschoßen eine breite, verglaste Veranda als Aufenthaltsbereich. Die Stahlbetonkonstruktion erhielt eine Fassade in Holzständerbauweise, verkleidet mit oxidiertem Kupferblech, während der Altbau mit Lärchenholzlatten eingehaust wurde. Einheitliche Materialien in den Innenräumen, einschließlich einer gediegenen Neumöblierung, lassen die Unterschiede in der räumlichen Substanz kaum mehr erkennen. *gk*

■

9010 Klagenfurt, Waldhofweg 14
2001–03

■ **Hotel Sandwirt, Innenausstattung, Möbel** ***9020 Klagenfurt, Pernhartgasse 9, 2002–03*** **Jana Revedin**

Wohnhaus und Praxis, Loft Umbau

Klaudia Ruck
Roland Winkler

Eine Halle aus der Zwischenkriegszeit, die ursprünglich als LKW-Werkstätte diente, wurde zur Wohnung und zur Praxis für Physiotherapie umgebaut, nachdem Abrissüberlegungen vor dem Faktum von 80 Zentimeter dicken Betonwänden kapitulierten. Spannung erzeugt das Projekt aus der Implantierung neuer Funktionen in zuvor völlig anders genutzte Strukturen, die bis zu einem gewissen Grad erhalten bleiben. Mehr noch: Durch Entfernen einer Zwischendecke wurde die ursprüngliche Dachkonstruktion mit ihrem Holzfachwerk wieder sichtbar. Die in die Halle geschobenen Wohnebenen bilden gestuft ansteigende, offene Plattformen, ein neuer Baukörper, in dem Sanitärräume untergebracht sind, durchdringt das Dach und dient auch der Hallenbelichtung. *wt*

■
9020 Klagenfurt, Koschutastraße 7a
2000–01

■ **PANKRAZ CD-Café-Bar** *9020 Klagenfurt, 8.-Mai-Straße 18, 1996–97* **Klaudia Ruck, Roland Winkler**

Botanischer Garten

Sonja Gasparin

Beny Meier

Im ehemaligen Kreuzbergl-Steinbruch an der Peripherie von Klagenfurt finden sich die sensibel gestalteten Betriebsbauten für den Botanischen Garten. Das zweigeschoßige Hauptgebäude schließt an das Rund des Steinbruchs an, während der viergeschoßige, mit Lärchenbrettern verkleidete Archivturm den Eingangsbereich markiert und die Sichtverbindung zur Stadt herstellt. Mit Bedacht auf die beengten Verhältnisse wurden die Einbauten äußerst zurückhaltend dimensioniert. Die aus Normteilen errichteten Glashäuser nutzen die im Straßenbild sichtbaren Ausläufer des Kreuzbergls und rücken so den Garten ins öffentliche Bewusstsein. Ein idealer Hintergrund für die vielfältige Pflanzenwelt wurde geschaffen, der nicht auf idyllisierende Landschaftsarchitektur setzt, sondern auf unverhüllt klare Materialität. *ek*

■

9020 Klagenfurt,
Prof.-Dr.-Kahler-Platz 1
1991–98

■ **HBLA Klagenfurt, Umbau und Sanierung** *9020 Klagenfurt, Fromillerstraße 15, 1997–2002* **Sonja Gasparin, Beny Meier**

„Haus hinter der Mauer"

Klaudia Ruck

Roland Winkler

Zur Straße hin verbirgt sich das Haus hinter einer weiß verputzten Mauer, die als Trennung und Verbindung von öffentlichem und privatem Raum dient. Nur ein waagrechter Fensterschlitz und zwei quadratische Gucklöcher durchbrechen die Wand. Mit dem Element Mauer soll „die städtebauliche Qualität eines Reihenhauses für ein freistehendes Einfamilienhaus" erreicht werden. Im Gegensatz zum geschlossenen Äußeren zeigt sich das Haus innen hell und offen. Die 50 m² Grundfläche werden vom Wohnbereich eingenommen. Die Raumhöhe reicht zur einen Hälfte bis unter den First, in der anderen Hälfte wird sie von der eingehängten Schlafgalerie unterteilt. Das Volumen des Hauses wird somit gut ausgenützt und die Form des einfachen Giebelhauses bleibt auch innen erlebbar. *fl*

■

9020 Klagenfurt, Megisergasse 5

1995–96

■ **Wohnhaus Grolitsch, Anbau** ***9210 Pörtschach, Sekull 12, 1978–79*** **Eva Rubin**

Veranstaltungssaal, Musikschule und Schülerhort, Zubau zur Volksschule

Christa Binder

Robert Morianz

Eine heikle Aufgabe: die bestehende, von Clemens Holzmeister entworfene Volksschule durch einen Zubau zu ergänzen. Die Lösung war, den alten Baukörper im neuen als unaufdringliches Zitat aufzunehmen, bei beiden Gebäuden aber jeweils deren Eigenständigkeit zu betonen. Die Verbeugung vor dem Architekturmonument erfolgt in der Neuinterpretation von Wandflächen und Fensterbändern des Bestands als Glasfassade im zweigeschoßigen Neubau in Form von transparenten, emaillierten Glaselementen. Der neue Baukörper, dessen zwei Ebenen mit Proben- und Veranstaltungsräumen sowie einem Schülerhort über eine zweigeschoßige Eingangshalle erschlossen werden, hebt sich ansonsten klar vom Altbestand ab, definiert aber gemeinsam mit diesem den Außenraum neu. *ek*

■

9131 Grafenstein,
Clemens-Holzmeister-Straße 34
2000–02

■ **Kinderheim der evangelischen Stiftung de la Tour** *9521 Treffen/Villach, Niederdorferstraße 38, 1995–97* **Christa Binder, Robert Morianz**

Ausbildungsheim Iselsberg

Barbara Frediani-Gasser

Gian Luca Frediani

Das ganzjährig genutzte Heeresausbildungszentrum liegt auf einem Sattel zwischen Möll- und Drautal. Der Neubau bildet mit zwei denkmalgeschützten Gebäuden und dem Löschwasserteich einen neuen Außenraum. Für die unterschiedlichen Funktionen wie Kanzlei, Schulungen, Unterkunft und Fitness wurde ein klar differenzierendes Raumprogramm entwickelt. Schwarze Eternittafeln verkleiden den großen Veranstaltungsbereich, unbehandelte Lärche die Seminar- und Unterkunftsräume. Ein großzügiges Foyer verbindet die beiden Baukörper. Mit der sich über zwei Geschoße erstreckenden Foyerverglasung öffnet sich der Bau zur alpinen Landschaft und bietet einen spektakulären Blick auf die Lienzer Dolomiten. Konzentration nach innen und Öffnung nach außen bestimmen die ausgewogene Gesamtkomposition. *ek*

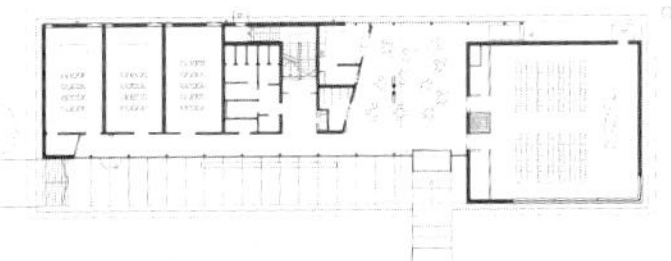

■

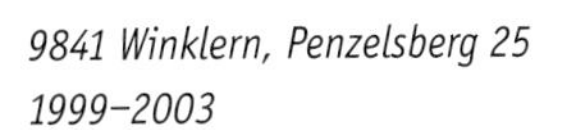

9841 Winklern, Penzelsberg 25

1999–2003

Gemeindezentrum
Sonja Gasparin
Beny Meier

■
9542 Afritz, Schulstraße 2
1992–99

Die Errichtung des neuen Gemeindezentrums hatte zum Ziel, der Gemeinde über die Befriedigung der baulichen Notwendigkeiten hinaus auch einen öffentlichen Platz zu schaffen. Durch die Verlegung der Straße wurde so im Zusammenspiel mit der katholischen Kirche, dem Friedhof und einem Wohnhaus ein bauliches Ensemble entwickelt. Der erste Bauteil mit Kultursaal, Foyer und Bauhof folgt dem neuen Straßenverlauf, der geschwungene Bauteil mit der charakteristischen unbehandelten und ungehobelten Lärchenholzschalung nimmt dessen Biegung auf. Der zweite Bauteil, das Gemeindeamt, schließt den Platz gegen Westen ab. Fensteröffnungen fungieren sowohl als räumliche Verbindung wie als Trennung von Baukörpern. Die Textur des Platzes ergibt sich aus der Fortsetzung der Konstruktionslinien des Hauptbaus. *ek*

■ Glasbläserei, Geschäft ***9500 Villach, Ankershofergasse 4, 2000*** **Sonja Gasparin, Beny Meier ■ Sparda Bank** ***9524 Villach, St. Magdalen, Bahnhofsplatz 7,*** **2001 Martina Grabensteiner, Norbert Grabensteiner**

Stadthalle Althofen, Sport- und Veranstaltungshalle

Barbara Frediani-Gasser
Gian Luca Frediani

Neben ihrer Funktion als wettkampftaugliches Eissportzentrum dient die Halle auch zur Ausübung anderer Sportarten sowie als Veranstaltungsort für Konzerte, Messen oder Symposien. Multifunktionalität in jeder Hinsicht, lautete also die Devise. Erschwerende Bedingung war – neben dem engen Kostenrahmen – die Errichtung bei laufendem Eislaufbetrieb. Die schlichte Hülle in Holzleimbinder-Konstruktion wurde über der bestehenden Eissportanlage errichtet. Die Höhe resultiert einerseits aus dem Wunsch des Bauherrn nach einem späteren Tribüneneinbau an den Längsseiten, andererseits hat sie bauphysikalische Gründe: Wegen der somit ausreichend großen Luftpolster konnte auf den Einbau teurer Lüftungsgeräte verzichtet werden – eine ästhetisch und konstruktiv angemessene Lösung. *fl*

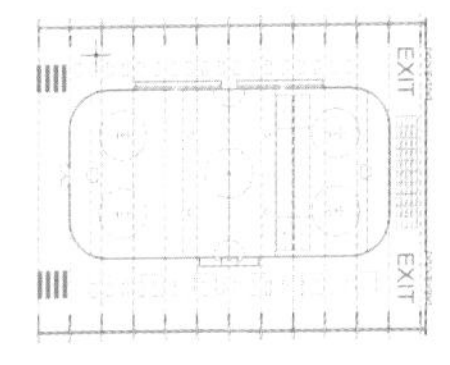

■
9330 Althofen, Silbereggerstraße, Freizeitgelände
2001–02

■ **Baufachmarkt (hall 01)** ***9300 St. Veit/Glan, Lastenstraße, 1999–2000*** **Marlies Breuss**

Wohnblock 1, Wohnanlage
Eva Rubin

Mehrgeschoßige Wohnanlage, die einen Hang perfekt nutzt und sich in ein Umfeld dörflicher und villenartiger Bebauung so behutsam wie markant einfügt. Die Erschließung erfolgt von oben, die einzelnen Wohneinheiten sind terrassenförmig schräg nach unten gestuft. Daraus resultiert ein plastisch differenzierter Baukörper, dessen rhythmische Gestaltung die Bescheidenheit der Mittel vergessen macht. Die aus der Stufung der Bauabschnitte entstehenden Terrassen und Balkone erweitern Wohnungen und Maisonetten von unterschiedlicher Größe in den Außenraum und ermöglichen wunderbare Ausblicke. Insgesamt ein Beispiel für maßstäbliches neues Bauen in einem Umfeld, in dem es zumeist keinen Mangel an architektonischen Zerrbildern gibt. *wt*

■

9062 Moosburg, Lindenweg 3/Tirgring
1997–99

■ **Wohnanlage „Westend" Wernberg, Niedrigenergiehaus** *9241 Wernberg, Ragainerstraße 15–20, 2000–01* **Jana Revedin**

Seehaus Kühnelt
Ursula Klingan

■
9871 Seeboden, Süduferweg
1999–2001

Bebauung eines sehr schmalen Seegrundstücks mit einigen Vorgaben, wie etwa den Steinmauern: eine 16 x 11 Meter große Betonplatte ist Basis für einen Holzbau mit Lärchenbretterschalung. Auf drei Ebenen sind alle Funktionen eines Sommerhauses untergebracht. Über einen Patio wird das begrünte, begehbare Dach erschlossen – Terrassen finden sich auch im ersten und zweiten Geschoß. Stimmig wie der Materialmix des Baukörpers ist die Behandlung von Details wie zum Beispiel der Fußböden, bei denen Muschelkalk und Holz zum Einsatz kommen. Eingebettet zwischen Jahrhundertwendevillen setzt das Seehaus einen spannenden Kontrast, der beweist, dass Anbiederung unnötig ist, wenn die Qualität stimmt. *wt*

■ **Volksschule, Zubau Turnsaal** ***9546 Bad Kleinkirchheim, 2001–02*** **Klaudia Ruck, Roland Winkler**

Wohnhaus
Elisabeth Anderl

Optimal wird hier ein Hanggrundstück – ein ehemaliger Weingarten, dessen Terrassierung noch erkennbar ist – ausgenützt, sodass sich sowohl das Eingangs- und Wohngeschoß als auch die darunter gelegenen Schlafräume direkt ins Freie öffnen. Wie überhaupt der Dialog von Innen und Außen eine große Rolle spielt, das Miteinander von (kultivierter) Natur und dem von Menschenhand Geschaffenen. Der Sockel des Hauses aus massivem Stein ist Teil des Letzteren, sorgt aber auch für die Anbindung an Ersteres. Der Baukörper selbst, dessen räumliche Organisation auf Durchlässigkeit ausgerichtet ist, überzeugt durch seine Klarheit. *wt*

9400 Wolfsberg,
Weinleiten 3
2000–02

Lehmhaus, Einfamilienhaus
Eva Rubin

Architektonisches Konzept wie Materialeinsatz entwickelten sich bei diesem Haus aus einem Zwiegespräch mit dem Ort. Die Hanglage gab die Zweigeschoßigkeit vor. Die energietechnisch optimale Ausrichtung nach Süden und die atmosphärisch motivierte Ausrichtung nach dem besten Ausblick erzeugten zwei sich kreuzende Achsen, die die schräggestellten Wände der Südfassade erklären. Zu einem großen Teil wurde das Haus im Selbstbau unter Verwendung natürlicher Materialien errichtet. Diese kamen in ihren Materialfarben zum Einsatz: Stein, Holz und Lehm wirken wie aus einem Guss. Im Zusammenspiel von architektonischer Konfiguration und Material entsteht eine warme und behagliche Raumstimmung. Intellekt und baubiologisches Bewusstsein vereinen sich in diesem Haus zu einer stimmigen Einheit. *fl*

■

9161 Maria Rain,
Göltschach 71
1995–97

■ **Badehaus** *9210 Pörtschach, Roseneckstraße 21* **Eva Rubin**

Steiermark

Der folgende Abschnitt befasst sich mit 20 steirischen Architektinnen, unter denen zumindest zwei als Pionierinnen anzusehen sind. Die Aufarbeitung der Geschichte von Frauen als Architektinnen und Auftraggeberinnen sowie eine Dokumentation von Pionierleistungen ist auch für die Steiermark äußerst wichtig. Im Besonderen ist als Pionierin Dipl.-Ing. Herta Rottleutner-Frauneder, die 1934 als erste Frau ihr Diplom an der TU Graz erhielt, zu nennen. Für den Beginn der Konsolidierungsphase zeichnen Edda Gellner, Herrad Spielhofer sowie Karla Kowalski.

Im Land Steiermark sind ab 1980 eine Reihe bedeutender neuer Bauten entstanden. Auslöser für diese Entwicklung war zumindest bis 1990 die progressive Baupolitik der Landesregierung, die sich besonders im Wohnbau positiv ausgewirkt hat.

Das Schaffen der Architektinnen entwickelte sich Ende 1960, begann sich Anfang 1970 zu formieren, trat ins Bewusstsein der Öffentlichkeit und fand, ausgehend von einem theoretischen Ansatz über die Technische Universität Graz, langsam und beharrlich den Weg in die praktische Umsetzung. Als wesentliches Merkmal der Projekte von steirischen Architektinnen ist die Abkehr von akademischen Vorgaben hin zu einer individuellen und sehr persönlichen Gestaltung zu erkennen – in diesem Zusammenhang können beispielhaft die Arbeiten von Ingrid Mayr, Karla Kowalski, Erika Lojen und Gerda Missoni genannt werden.

Eine genauere Spurensuche ist der Erfassung sämtlicher Daten zu diesem Architekturführer zu verdanken, die die Fakten und damit die Urheberrechte der männlich-dominierten Geschichtsschreibung transparenter macht. Auch im steirischen Architekturraum scheint die Architektin oft als Partnerin des Architektenmannes auf und ist in der Gesellschaft weniger präsent.

Frauen und bauen – das wird in unserer Gesellschaft auch heute noch als Widerspruch gesehen.

In der kammerinternen Diskussion über Sinn und Berechtigung eines frauenspezifischen Architekturführers brach Aufregung aus. Auch die geplante Auslobung eines Wettbewerbs zu einem steirischen Frauenwohnhaus-

Herta Rottleutner-Frauneder
Frei- und Hallenbad
Graz-Eggenberg, Janzgasse 21

projekt löste Diskussionen aus. Eine Jury, ausschließlich mit Frauen besetzt, und die Teilnahmeberechtigung ausschließlich für Architektinnen wurden zum Reizthema. Es wurde seitens der männlichen Kollegen unterstellt, dass mit solch einem Wettbewerb die geschlechtsspezifische Förderung vor die Förderung der Qualität des Bauens gestellt werde. Die mit unvorhersehbarer Aggression geführte Diskussion verfehlte aber gerade dadurch ihre Wirkung nicht.

Die folgenden angeführten statistischen Daten geben letztendlich eine andere Auskunft sowohl über die Situation der heute in der Steiermark schaffenden Architektinnen als auch über die zukünftige Entwicklung:

Seit Öffnung der akademischen Ausbildung für Frauen ist die Zahl der weiblichen Studierenden ständig gestiegen. Im Jahr 2002 absolvierten an der TU Graz 114 (von insgesamt 274) Studentinnen ihre Sponsion zur Diplomingenieurin für Architektur. Zum Vergleich – zehn Jahre davor waren es 22. Das entspricht einem Anteil an Absolventinnen von 41% für 2002.

Der Studienort wird meist als Wohn- und Arbeitsort beibehalten, nur 7% sind nach dem Studium in ein anderes Bundesland bzw. in die Bezirke umgezogen. Von den 44 steirischen Architektinnen (das entspricht etwa 10% aller ArchitektInnen der Steiermark) üben 19 (das sind 44%) ihre Befugnis aus, 25 sind als ruhend gemeldet, was etwa 56% entspricht.
Aufgrund der doch sehr hohen Zahl an Absolventinnen im Jahr 2002 ist jedoch in drei bis fünf Jahren mit einer jungen Generation, die aktiv tätig sein wird, zu rechnen.
Steirische Architektinnen arbeiten eher in kleinen Büros mit maximal fünf MitarbeiterInnen. Dies verringert strukturbedingt die Teilnahme an großen Wettbewerben. Ein Großteil der Aufträge kommt über persönliche Kontakte, Empfehlungen durch Dritte und als Folgeaufträge zustande.
Seit Gründung des „Hauses der Architektur – HDA" in der Engelgasse in Graz findet auch weibliche Architektur eine

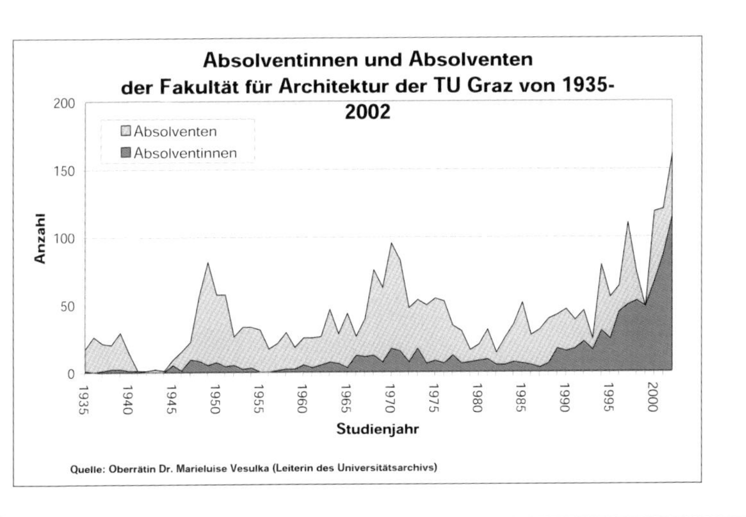

Plattform der Präsentation. Zahlreiche Veranstaltungen und Präsentationen von Wettbewerbsergebnissen zeigen das Bemühen der Verantwortlichen Damen und Herren: „Das HDA ist eine Institution zur Förderung und Vermittlung zeitgenössischer Baukultur an der Schnittstelle zwischen Produzenten und Öffentlichkeit. 1988 aus dem Bedürfnis nach einem gemeinsamen Forum für ArchitektInnen, Studierende sowie öffentliche und private InteressentInnen entstanden, hat sich das HDA in den Jahren seines Bestehens zu einem Fixpunkt in der Auseinandersetzung und Vermittlung mit lokalen wie internationalen Entwicklungen und Projekten etabliert."

Die Anzahl der in diesem Architekturführer vorgestellten Arbeiten ermöglicht zwar keine vollständige Darstellung der von engagierten Architektinnen umgesetzten Projekte der letzten Jahre; aber selbst wenn man noch zwanzig oder dreißig weitere Bauten präsentierte, gäbe diese Zahl in Relation zu den Bauten und Projekten der rund 300 aktiven steirischen Architekturbüros Anlass zum Nachdenken.

Ulrike Bogensberger

Krankenhaus Elisabethinen, Zubau

Fridrun Hussa
Wilfried Kassarnig

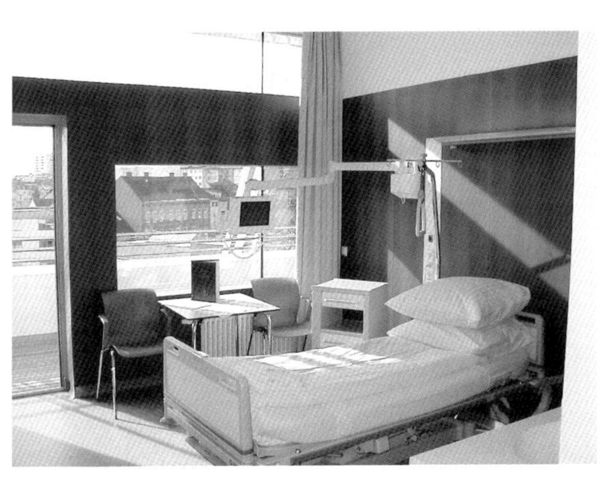

■
8020 Graz, Elisabethinengasse 14
1999–2001

Langjährige Erfahrungen im Krankenhausbau und die Entwicklung neuer Materialien sind in diesen Erweiterungsbau eingeflossen. Dominieren einen rund drei Jahrzehnte alten Erweiterungsbau derselben Architektin Sichtbeton und Eternit, so sind die vorherrschenden Baustoffe der Aufstockung Glas und Stahl. Dies bewirkt die erwünschte deutliche Zäsur von Alt und Neu. Im Wesentlichen geht es beim jüngsten Ausbau eines traditionsreichen Spitals um zwei Bereiche: Akutkrankenhaus auf neuestem Stand von Behandlung und Betreuung und Altenheim. Wurde im ersten eher ein Hotelcharakter angestrebt, wird im zweiten durchaus das Wohnambiente für längerfristigeren Aufenthalt erzeugt. *wt*

- **Altenheim** *8020 Graz, Mariengasse 12, 2000–02* **Fridrun Hussa, Wilfried Kassarnig**
- **Kindergarten Eggenberg** *8020 Graz, Grasbergerstraße 11, 1998–99* **Elisabeth Anderl**
- **Caritas Schlupfhaus** *8010 Graz, Mühlgangweg 1, 1998–99* **Ingrid Mayr, Jörg Mayr**

Fliesengeschäftshaus
Christina Condak
Peter Leeb

Das Äußere signalisiert, was im Inneren zum Kauf angeboten wird: Fliesen. Ein schlichter würfelförmiger Baukörper wurde mit einer Rundumfassade aus Fliesen verkleidet, dies aber nicht einfach in planer Beklebung; vielmehr besteht die Fassade aus vorfabrizierten geschwungenen Betonteilen, die als Träger für ein Mosaik aus schimmernden Glasfliesen in drei Farbtönen dienen. Schlitze zwischen den einzelnen der insgesamt sechs Bänder sorgen für die Belichtung der Verkaufsräume. Innen erschließt sich das dreigeschoßige Haus über Treppen und einen zentralen Lift, auf jeder Ebene können Kunden einen Rundgang durch die ausgestellten Fliesen machen. Roher Beton sorgt für den neutralen Rahmen eines an sich sehr bunten Angebots. *wt*

■

8020 Graz, Puchstraße 20
1998–2000

■ **Villa** ***8010 Graz, Ruckerlberggasse 47A, 1999–2001*** **Christina Condak, Peter Leeb**
■ **„Hülle&Fülle", Verkaufslokal** ***8010 Graz, Schubertstraße 16, 2000*** **Ute Kloker, Christian Andexer**

Kaufhaus Kastner & Öhler, Tiefgarage, Um- und Neubauten

Karla Kowalski

Michael Szyszkowitz

Dieses legendäre Warenhaus liegt in einem in Jahrhunderten gewachsenen Altstadt-Ensemble, gebildet aus ehemaligen Stadtpalais, Kloster- und Bürgerhöfen und ist von engen Gassen durchzogen. Aufgabe der Planer war es, eine funktionelle Verbindung des im Laufe der Jahre stark gewachsenen Kaufhauses innerhalb dieses Gefüges herzustellen und architektonisch unter Wahrung der historischen Substanz zu artikulieren. Leichte Metallkonstruktionen und vielfältige Glasflächen bilden eine Klammer in dem Gefüge, gliedern, unterteilen und verbinden es. Das Jugendstilhaus wurde freigelegt, der Hof mit Glas überdeckt und erschlossen. Zur Mur hin entstand ein neuer Erweiterungsbau. Im Anschluss daran befindet sich die unter dem historischen Stadtquartier gelegene Tiefgarage, deren Errichtung eine statische Meisterleistung darstellt. *bk*

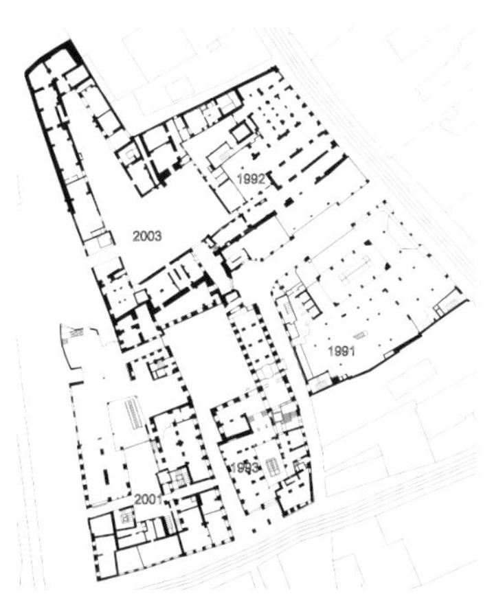

■

8010 Graz, Sackstraße 7–13
1990–2002

■ „Art&Fashion“, Friseursalon, Innenraumgestaltung *8010 Graz, Opernring 9, 2001* Iris Rampula ■ Oberlandesgericht, Zentralbibliothek, Zu- und Umbau *8010 Graz, Marburgerkai 49, 1995–2001* Bettina Götz, Richard Manahl

Synagoge

Ingrid Mayr

Jörg Mayr

An der Stelle der 1938 zerstörten Synagoge wurde das neue Bethaus errichtet, das die ursprünglichen Größenverhältnisse übernimmt. Würfel und Kugel bestimmen den Zentralbau, dessen Betonaußenwände mit Klinkerziegeln verkleidet sind – als Erinnerung an das Sichtziegelmauerwerk des alten Gebäudes. Durchbrochen wird die Fassade von großflächigen Glaselementen, die in der verglasten, mit alttestamentarischen Zitaten bedruckten Kuppel münden. Diese ruht auf zwölf Stahlsäulen, welche auf die zwölf Stämme Israels verweisen. Sie sind paarweise verbunden und vereinen sich unter der Kuppel zum Davidstern. Mit noch erhaltenen Ziegeln der alten Synagoge wurden neben dem Neubau Teile von Mauern rekonstruiert. Sie stehen für eine Ruine, aus deren Mitte sich aber die neue Synagoge erhebt und einen Neubeginn symbolisiert. *bk*

■

8020 Graz

David-Herzog-Platz 1

1994–2000

■ **Kapelle im Bischofhof, Bischöfliches Ordinariat, Neugestaltung** *8010 Graz, Bischofplatz 4, 2001–02* **Ingrid Mayr, Jörg Mayr** ■ **Friedrichskapelle im Dom** *8010 Graz, Hofgasse 1, 1. Stock, 2001–02* **Ingrid Mayr, Jörg Mayr**

Institutsgebäude der TU-Graz, Biochemie und Biotechnologie

Karla Kowalski

Michael Szyszkowitz

Das neue Institutsgebäude sollte eine städtebauliche Verbindung zwischen dem gegenüberliegenden Platz, den umgebenden Gebäuden und den benachbarten Universitätsbauten schaffen. Der Entwurf dieser dreiflügeligen einladenden Anlage mit ihren dreidimensionalen Fassadenreliefs definiert den Ort und sein Umfeld neu. Im Erdgeschoß durchzieht ein breites Vestibül den Mitteltrakt. Östlich davon sind ein großer Hörsaal und die Bibliothek angeordnet. Die Werkstätten und Labors sind in allen Geschoßen an der Außenseite, die Institutsräume an der Innenseite situiert. Mit kräftigen Farben werden Funktionszusammenhänge in den Stiegenhäusern, die sich in den Seitenflügeln befinden, betont. Die freigestellten Stützen im Inneren haben skulpturale Wirkung. *bk*

■

8010 Graz, Petersgasse 12

1987–91

■ TU Graz, Hörsaalgruppe Alte Technik, Neu-, Um-, Zubau, Überdachung des Innenhofs ***8020 Graz, Rechbauerstraße 12, 1994–98*** **Susanne Weigelt ■ TU Graz, Bautechnikzentrum** ***8010 Graz, Inffeldgründe, 1999–2001*** **Ingeborg Nussmüller, Werner Nussmüller**

Wohnbau „Schießstätte"

Karla Kowalski

Michael Szyszkowitz

Für das fünf Hektar große Gelände sah das städtebauliche Konzept von Heiner Hierzegger vor, unterschiedlichste Entwürfe zu einer Gesamtheit zu verbinden. Entlang des Hauptweges, der die gesamte Anlage fußläufig erschließt, sind die Bauteile der verschiedenen Planungsteams angeordnet. Die Anlage wird abgeschlossen vom Kowalski-Teil, der durch die leicht gebogene Häuserzeile einen Platz bildet, in den der Weg mündet. Diese Zeile beinhaltet Wohnungen von 40–90 m², teils als Maisonetten angelegt. Die unteren Wohnungen sind mit Gärten, die oberen mit Terrassen angelegt. Durch die Zeile führen zwei Wege auf Terrassen für Feste aller Art, und von dort weiter in den Wald. Die wellenförmige Dachlinie wird von Eichenbäumen überragt und verdeutlicht so den Abschluss der gesamten Anlage. *bk*

■

8010 Graz, Nordberggasse 44
1996–99

■ **Einfamilienhaus** *8010 Graz, Rudolfstraße 71c, 1999–2001* **Karla Kowalski, Michael Szyszkowitz** ■ **Einfamilienhaus Dr. Kronberger** *8010 Graz, Stiftingtalstr. 67, 1998–99* **Elisabeth Anderl** ■ **Haus Sprenger** *8055 Graz, Westgasse 35, 2000–01* **Sabine Pollak**

Schule und Hort

Ingeborg Nussmüller
Werner Nussmüller

Erweiterung einer Schule durch zwei Neubauten, deren einer mit dem Altbestand verbunden, der andere völlig selbstständig ist. Beide Baukörper bilden einen spannenden Kontrast zum Gründerzeithaus. Ein langgestreckter Plattenscheibenbau mit massiven Holzdecken stellt die innovative Lösung einer mehrgeschoßigen, komplett als Trockenbau errichteten Holzarchitektur auf einem Betonsockel (für die Turnsäle) dar. Fenster in verschiedenen Höhen und in unterschiedlichsten Formaten sorgen für vielfältige Ausblicke und eine lebendig gestaltete Fassade. Der zweite Neubau fällt durch sein begrüntes, begehbares Schrägdach auf, das direkt aus der Wiese ansteigt. Darunter befindet sich ein gut belichteter Stahlbetonbau, in dem ein Hort untergebracht ist. *wt*

■
8010 Graz,
Karl-Morre-Straße 58
2000–02

■ **Steiermärkische Sparkasse, Umbau** *8010 Graz, Glacisstraße/Zinzendorfgasse 1, 1999* **Ingeborg Nussmüller, Werner Nussmüller** ■ **Steiermärkische Sparkasse, Umbau** *8043 Graz, Andritzer Reichsstraße 29, 1995–96* **Ingeborg Nussmüller, Werner Nussmüller**

„Kernhaussiedlung", Sozialer Wohnbau

Ingeborg Nussmüller

Werner Nussmüller

Holzhäuser in der ökonomischen Form des Würfels (7,50 m Seitenlänge) mit Zeltdach zu einem moderaten Preis, den individuellen Bedürfnissen der Bewohner gerecht – dieses Ziel erreichte die „Kernhaussiedlung" und wurde zu einem Vorreiter in Sachen Ökonomie. Den „Kern" der Häuser bildet der Heizturm, bestehend aus einem Kachelofen, um den die Wendeltreppe angeordnet ist. Die Lage der Treppe, der Ebenen und der Öffnungen wurde mit den Bauwerbern individuell gelöst. Die Deckenelemente sind als Holzfertigteile nach Bedarf ohne Baumaßnahmen einzuhängen oder auch wegzunehmen. Daraus ergeben sich Variationen und spannende Durchblicke quer durchs Haus. Vielfältige Raumlösungen und das Konzept der Wärmeversorgung mit Hypocaustenheizung konnten den Auflagen des sozialen Wohnbaus voll entsprechen. *bk*

■

8044 Graz, Mariatrost,
Rettenbacherstraße 5–5i
1980–84

■ Wohnbau ***8044 Graz, St. Peter, Pugleitnerstraße 34, 40, 42, 48, 1998–2002*** **Marlies Binder, Irmgard Lusser ■ Dachhaus SCALA, Einfamilienhaus, kooperatives Wohnen** ***8074 Graz, Am Silberberg 20, 2001–02*** **Sophie Esslinger, Uli Machold**

Stadtvillen Mariagrün

Karla Kowalski
Michael Szyszkowitz

Entwurfsaufgabe dieser vier Hanghäuser war, den individuellen Ansprüchen von 14 Familien gerecht zu werden, die sozialen Vorteile des Zusammenwohnens in einer Anlage zu nutzen sowie die an das Grundstück angrenzenden Bereiche architektonisch zu formulieren. So entstanden Wohnungen mit unterschiedlichsten Größen von 55–140 m² mit ein oder zwei Geschoßen. Jeder Wohnung ist ein Garten oder eine große Dachterrasse zugeordnet. In der Mitte der Anlage eröffnet sich ein corsoähnlicher Platz – umrankt von einer Glyzinienpergola –, von dem alle privaten Zugänge und Treppen zu den Wohnungen führen. Die Anordnung dieser kleinen Siedlung, die offene, aber auch in sich geschlossene Bereiche beherbergt, offeriert so ihren Bewohnern alle Möglichkeiten – Distanz, private Treffen oder größere Zusammenkünfte. *bk*

■

8043 Graz, Haignitzhofweg 7–13
1995–97

■ **Volks- und Hauptschule St. Johann, Zubau** *8043 Graz, Mariatrosterstraße 128, 2000–02* Ingrid Mayr, Jörg Mayr ■ **Kindergarten und Krabbelstube Murfeld** *8041 Graz, Mittelstraße 23, 1997–99* Erika Lojen

Thermenpark Blumau

Maria Auböck
Janos Karasz

Entlang des Safenbaches zwischen Hundertwassertherme und Blumau wurde auf 13 Hektar der Thermenpark errichtet. Das vegetative Vokabular der Region wurde aufgegriffen und mit exotischen Pflanzen bereichert. Östlich des Hauptweges sind sieben versetzt gepflanzte Baumstreifen angelegt, aufgelockert durch Obsthaine, die Windböen auffangen und Blicke in die Landschaft eröffnen. Ein Grundwasserteich, im seichten Bereich mit Rohrkolben, Sumpfschwertlilien und Sumpfdotterblumen bepflanzt, markiert mit Steinen eine Bucht. In einem von Trockenmauern geprägten „mediterranen Senkgarten“ wachsen Salbei, Lavendel und Königskerzen. Die eigens für den Park entworfenen Sitzmöbel sowie die edlen Holzstege über den Safenbach bieten Anrainern und Kurgästen Raum zum Genießen. *bk*

■

8283 Blumau
1998–2000

■ **Garten der Temperamente** *8223 Stubenberg, Schloss Herberstein, 1996–98* Maria Auböck, Janos Karasz ■ **Landeskrankenhaus Hartberg, Außenanlagen** *8230 Hartberg, Krankenhausplatz 1, 1999* Maria Auböck, Janos Karasz

Stationsbauten der Bergbahnen Stuhleck
Stuhleckbahn und Promi-4er-Bahn
Silvia Fracaro

Technische Bauten prägen die Wintersportlandschaft. Die Stationsbauten und Seilbahnen im Schigebiet Stuhleck setzen nicht auf pseudorustikale Verhüllung der Technik, sondern auf deren Präsenz. Die offene Konzeption der Seilbahn bietet Einblicke in die technischen Anlagen. Die transparente Hülle schafft einen fließenden Übergang zwischen der Wintersportinfrastruktur und der umgebenden Landschaft. Sowohl Berg- als auch Talstation haben Pultdächer. Alle Nebenräume sind in Form von Containern ausgebildet und in die Konstruktion eingefügt. Die sogenannte Promi-4er-Bahn setzt auf schimmernde Leichtigkeit. Die Sockelbauten sind aus schalreinem Beton, das Gehäuse aus silbrigen Alupaneleen und transluzenten Doppelstegplatten wie auch die Fassade der Sessel-Garage der Stuhleckbahn. *ek*

■

8684 Spital am Semmering
1992, Promi-4er-Bahn 1998
Statik: Helmuth E. Locher

■ **Wohnanlage** ***8605 Kapfenberg-Schirmitzbühel, 1996–97, Bezug 2000*** **Ingeborg Nussmüller, Werner Nussmüller**

Kinderhaus und Kindergarten

Friederice Saiko

Diethelm Saiko

Zwei parallele Mauern, die von einer dritten Mauer rechtwinkelig gekreuzt werden: das ist das konstruktive Hauptprinzip, aus dem heraus sehr geschickt das räumliche Konzept des teilweise zweigeschoßigen Gebäudes entwickelt wird. Das von drei Seiten zu betretende Objekt beherbergt zu ebener Erde Kinderhaus und Kindergarten, im Obergeschoß ist ein Schülerhort untergebracht. Diese Form der Erschließung gewährleistet eine große Autonomie der einzelnen Gruppenbereiche, formal sind die Eingänge durch ausladende Träger – Fortsätze der erwähnten drei Hauptmauern – und Säulen markiert. Eine zentrale, über eine Glaspyramide belichtete Halle kann mittels einer Schiebewand den jeweiligen Erfordernissen angepasst werden. *wt*

■

8572 Bärnbach,
Rüsthausgasse 7
1999–2002

■ **Passivenergiehaus Hadolt** *8141 Unterpremstätten, Erlenweg 6, 1995–97* **Barbara Krupp** ■ **Kindergarten** *8401 Kalsdorf bei Graz, Johann-Pauker-Gasse 21, 1995–96* **Friederice Saiko, Diethelm Saiko**

Volksschule und Turnsaal, Umbau, Sanierung, Zubau
Erika Lojen

Neben der Sanierung der 1914 errichteten Schule war der Bau eines Turnsaals notwendig. Dessen Kubatur und die der Zentralgarderobe wurden teilweise in den Hang geschoben, der sichtbare Teil dazu benutzt, einen neu entstandenen Schulhof baulich zu fassen. Der Zubau orientiert sich darüber hinaus an den topografischen Gegebenheiten, das geknickte Pultdach ist eine Spiegelung des terrassierten Hangs. Die Gliederung des Baukörpers ist eine dreifache, ein würfelförmiger Verbindungstrakt geht in ein Foyer über, dieses schließlich in den Turnsaaltrakt. Der Turnsaal selbst ist auf multifunktionelle Bespielung hin geplant und dient nicht nur der Körperertüchtigung, sondern auch kulturellen und sonstigen Veranstaltungen. *wt*

■

8113 St. Oswald, Plankenwarth 71

1997–2000

■ **Kulturhaus** *8544 St. Ulrich im Greith, Kopreiniggasse 90, 1999–2000* **Karla Kowalski, Michael Szyszkowitz** ■ **Sozialer Wohnbau** *8020 Graz, Karl-Morre-Straße 47/49, 1992–93* **Friederice Saiko, Diethelm Saiko**

Volksschule
Alexandra Stingl
Winfried Enge, Christian Aulinger

■

8181 St. Ruprecht/Raab,
Untere Hauptstraße 27
2002–04

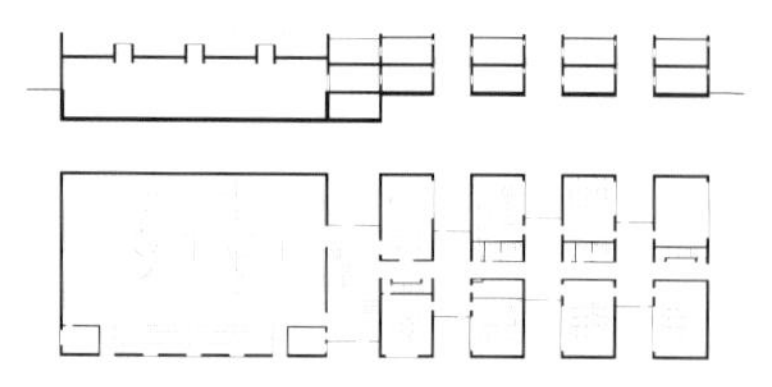

„Ein Produkt des Obstgartens" nennt die Architektin ihr Projekt einer Volksschule mit Turnhalle. Aus dieser Idee ergibt sich gleichsam naturgemäß die Ausführung in Holzbauweise. Aus dieser Idee erfolgt die Auflösung in einzelne Baukörper – „Obstkisten" –, die in ihren Abmessungen von den darin untergebrachten Funktionen – Klassenzimmer, Turnsaal – abgeleitet sind. Verbunden sind die Einzelteile der „Schule aus mehreren Schulen" durch wintergartenartige Glasgänge, die als Pausen- und Foyerflächen genutzt werden können. Die Belichtung der Klassenräume erfolgt über jeweils drei unterschiedlich hoch eingesetzte – in Normalhöhe, in Deckenhöhe und in Bodenhöhe – Fensterbänder, die auch für unkonventionelle Aus- und Durchblicke sorgen. *wt*

■ **Werkstättengebäude HTBLA für Maschinenbau und Elektotechnechnik, BULME, Umbau** *8051 Graz-Gösting, Ibererstraße 19, 1997–99, Einrichtung 2001* **Daniela Vukovits, Hans Pircher**

Gemeindezentrum
Karin Wallmüller

■

8183 Floing, Dorfplatz Lebing
1989 und 1999–2000

Die Neugestaltung von ländlichen Gemeindezentren zählt zu den schwierigsten Aufgaben, gilt es doch, den Balanceakt zwischen Einbindung und Eigenständigkeit zu meistern. Die Gefahr liegt auf der Hand: Anbiederung oder Affront. Eine vorbildliche Lösung liegt hier vor. Dorfkapelle mit einem Campanile, Gemeindeamt und Dorfplatz bilden ein Ensemble, in dem sich eine regionale Formensprache auf der Höhe der Zeit ausdrückt. Das die Gegend dominierende Satteldach wird als unaufdringliches Zitat – in flacherer Ausführung – eingesetzt. Der Wunsch der Planerin, die neuen Gebäude harmonisch in ein an sich wenig homogenes Orts- und Landschaftsbild einzufügen und diesem ein neues Zentrum zu geben, darf als erfüllt bezeichnet werden. *wt*

■ **Einsegnungshalle** *8063 Eggersdorf, Edelsbacherstraße 19, 2001–02* **Erika Lojen**
■ **Doppelwohnhaus mit Wintergarten, solares Niedrigenergiehaus** *8061 Rinnegg/ St. Radegund, Wetterturmstraße 41a, 1997–99* **Ulrike Horvath-Oroszy**

Wohnbau
Marlies Binder/Irmgard Lusser

8720 St. Margarethen bei Knittelfeld, Gleinstraße 53–54
1991–93

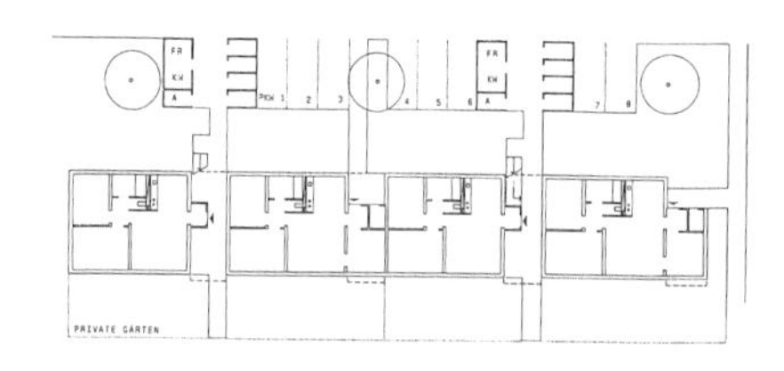

Am Rand des kleinen Ortes zwischen bewaldetem Berg und Ackerflächen liegen verstreute Siedlungsgebiete. Hier wurde für ein Grundstück neben einem unspezifischen Genossenschaftshaus ein Bebauungsplan mit zehn Einfamilienhäusern und zwölf Eigentumswohnungen entwickelt. Der das Gelände begrenzende Bach wurde geschickt einbezogen, sodass für den Bestand und die neuen Häuser eine zusammenhängende Freifläche mit Spielplätzen entstand. Die Einfamilienhäuser bestimmen mit ihren Satteldächern die Silhouette des Siedlungsrandes. Die zwölf Wohneinheiten verschiedener Größe haben unterschiedliche Freibereiche: Gärten im Erdgeschoß, erkerförmig vorspringende Balkone im ersten sowie südseitig orientierte Terrassen im zweiten Stock. Holzverschalungen aus gestrichener Fichte sorgen für ein einheitliches Erscheinungsbild. *ek*

- **Atelierhaus** *8793 Trofaiach, Koloniegasse 7, 1999* **Alexandra Stingl, Winfried Enge**
- **Altkaserne Leoben für Montanuniversität** *8700 Leoben, Peter-Tunner-Straße 25, 1997–99* **Herta Brucker**

Wohnhaus Skledar
Ulrike Bogensberger
Eva Gyüre

■

8700 Leoben-Hinterberg,
Am Sonnenhang 31
1999–2001

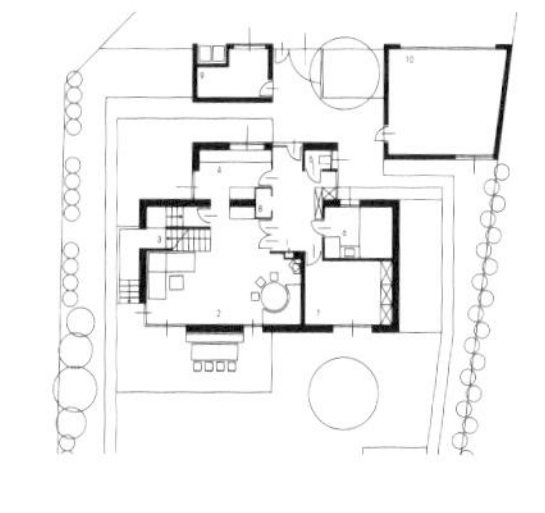

Einfamilienhaus von innen wie außen klassisch-funktionalem Zuschnitt. Über einen Vorgarten erreicht man zwischen Garage und Schuppen den Haupteingang. Auf zwei Ebenen sind Wohnen und Arbeiten (Erdgeschoß) bzw. Schlafräume und Bad (Obergeschoß) untergebracht. Zum Garten hin öffnet sich das Wohnzimmer auf eine Terrasse, im Obergeschoß bietet ein über die Längsseite hinausragender Balkon Möglichkeit zum Schöpfen frischer Luft. Der Keller des mit einem Pultdach gedeckten Hauses bietet neben Stau- und Versorgungsräumen einen Aufenthaltsbereich mit Sauna und kann auch von außen begangen werden. *wt*

■ Wohnhaus ***8700 Leoben, Stadtteil Göß, Mayr-Melnhof-Straße 32–36, 1994–97*** **Herta Brucker ■ Wohnanlage „sun-city"** ***8700 Leoben, Hinterberg, Am Wiesenrain, 1999–2001*** **Ingeborg Nussmüller, Werner Nussmüller**

Einfamilienhaus
Marion Wicher-Scherübel

Extravagant in jeder Beziehung präsentiert sich dieses Einfamilienhaus. In erhöhter Hanglage wurde eine Bauskulptur realisiert, die aus einem loftartig konzipierten Wohnhaus und dem davor aus dem Hang ragenden 25 Meter langen „Trog“ des Swimmingpools besteht. Im Hausinneren wurde dem Wunsch nach maximaler Offenheit und ausreichend Rückzugsmöglichkeiten durch Implantieren von „Raumzellen“ entsprochen. Die Ausführung der nach Südwesten ausgerichteten Längsfassade in Glas ermöglicht einen ungestörten Ausblick. Groß geschrieben wurden ökologische Überlegungen nicht nur hinsichtlich der Baumaterialien, Beheizung und Warmwasserversorgung erfolgen über Erdflachkollektoren und Kollektoren auf dem Gründach des Wohntrakts. *wt*

■
8793 Hafning,
Obere Sonndorfstraße 37
2000–02

■ **SG Ennstal, Wohnbau** ***8715 Feistritz bei Knittelfeld, Rambergweg 10–14, 2001*** **Brigitte Rathmanner** ■ **Mäserzentrum, Bürohaus** ***8700 Leoben, Dorfstraße 9, 1999–2000*** **Marion Wicher-Scherübel**

Weingut Polz

Martina Grabensteiner

Norbert Grabensteiner, Bernd Masser

Mit viel Kenntnis um Produktion, voll Respekt für gewachsene Strukturen, wurden Abläufe umorganisiert, dem Stilgemisch des Bestandes behutsam Neues hinzugefügt. Das alte Stöckl im Weinhang wurde saniert und um einen repräsentativen Zubau ergänzt. Harmonisch wachsen die Reben am Flachdach weiter, darunter verzahnt sich ein Regal mit 6000 Flaschen hinter Glas mit rauem, hellen Stein zur Schaufassade. Über Weinflaschen fluoreszierendes Sonnenlicht erhellt das Foyer, dahinter weitet sich der Blick ins Grüne, auf einem Steinband wuchern Weinpflanzen vom Wintergarten ins Innere weiter. Eine schräg eingeschobene bordeauxrote Bürobox leitet zum ruhigen Verkostungsbereich über. Gegenüber sind linear angeordnet Nebenräume, Weinarchiv und Lager. Die Materialien Beton, Glas, Stahl verweisen auf Geologie, Flaschen, Tanks. Im Spannungsfeld von Alt und Neu reflektiert Architektur die Haltung der Bauherren Erich und Walter Polz. *im*

■

8471 Spielfeld, Grassnitzberg 54a

2000–01

■ **Volksschule Linden** ***8430 Leibnitz Ost, Richard-Wagner-Weg 29, 1987–91*** **Friederice Saiko, Diethelm Saiko** ■ **Bezirksgericht Sanierung** ***8490 Radkersburg, Langgasse 43, 1995–98*** **Barbara Strenitz**

Salzburg

Da Salzburg keine Architekturfakultät hat, war hier der theoretische Diskurs und damit die akademische „Qualitätskontrolle“ lange Zeit nicht präsent.
Die Stadt Salzburg hat im Jahr 1983 mit ihrer Architekturreform unter Stadtrat Voggenhuber und der Einsetzung des Gestaltungsbeirats radikal auf architektonische und städtebauliche Qualitätsstandards gesetzt.
Im Land Salzburg gingen die Uhren leider in die entgegengesetzte Richtung. In den späten 1970er und frühen 80er Jahren noch Vorbild für andere Bundesländer wegen seiner vom Land konsequent durchgeführten Wettbewerbe, war in den letzten Jahren eine Hinwendung zum Bauen nach scheinbar touristisch relevanten Kriterien und falsch verstandener Tradition zu beobachten.
In den 80er Jahren waren die wenigen Architektinnen im öffentlichen Leben nicht präsent, daran hat sich bis heute wenig geändert. Selbst über eine außerordentliche Pionierin wie Edith Lassmann, die 1946 den anonymen Wettbewerb für das Kraftwerk in Kaprun gewonnen hatte, wusste man Anfang der 80er Jahre nichts mehr. Erst in der Ausstellung „Ziviltechnikerinnen von 1900 bis 2000“ wurden die Architektur- und Ingenieur-Pionierinnen gezeigt. In Salzburg tätig war auch Anna-Lülja Praun – die Galerie Sailer und der Umbau des Wohnhauses der Familie Sailer sind beispielhaft.
In der Öffentlichkeit als Architektin wahrgenommen war schon bald Heide Mühlfellner, obwohl sie mit ihrem Partner das Architekturbüro gemeinsam führt.
Aber auch heute werden die wenigsten jungen Kolleginnen, die als Mitarbeiterinnen in den Büros auftauchen, als eigenständige Architektinnen präsent – weder mit eigenen Entwürfen, Wettbewerbserfolgen, theoretischen Arbeiten oder sonstigen Statements zum Baugeschehen. Ausnahmen sind Maria Flöckner und Gerda Fleischmann, beide mit männlichen Büropartnern.
Bis heute ist die Altstadterhaltungskommission der Stadt Salzburg rein männlich besetzt. Im Gestaltungsbeirat ist seit einigen Perioden der Frauenanteil gestiegen. Beginnend mit der Gartenarchitektin Maria Auböck gab es „sogar“ zwei weibliche Vorsitzende,

Ingeborg Kuhler aus Berlin und Marie-Claude Bétrix, die zuvor in der Stadt mit den markanten und weithin sichtbaren Bauten für die Salzburger Stadtwerke Prägendes geschaffen hat. Zur Zeit sind – bei sechs Mitgliedern – vier Architektinnen im Gestaltungsbeirat vertreten: Julia Bolles-Wilson, Nathalie de Vries, Marta Schreieck und Ursula Spannberger.

Der vor einigen Jahren mit viel Engagement vom Frauenbüro der Stadt Salzburg durchgeführte Wettbewerb „Frauen schaffen Wohnqualität" brachte in der Umsetzung nicht die angestrebte Erneuerungsqualität im Wohnbau, was am Unverständnis der Bauträger lag. Die mit viel Liebe zum Detail geplante Freiraumgestaltung, die Waschküchen mit Ausgang auf die Dachterrassen, die Gemeinschaftsräume und vieles mehr blieben auf der Strecke und wurden eliminiert. Die hervorragende Publikation über dieses Bauvorhaben *Auf Frauen bauen. Architektur aus weiblicher Sicht,* herausgegeben von Anita Zieher und 1999 im Verlag Pustet erschienen, reflektiert angemessen den gesamten Entwicklungs- und Planungsprozess. Es kann somit bei weiteren Planungen darauf zurückgegriffen werden.

Im Jahre 1993 wurde die „INITIATIVE ARCHITEKTUR salzburg" als Plattform für architekturrelevante Veranstaltungen und Aktionen von Roman Höllbacher, Max Rieder und Ursula Spannberger gegründet. Die Synergie mit anderen „freien Gruppen" und jungen Vereinen wie z. B. der Galerie 5020 wurde so Programm. Der Gründung der „INITIATIVE ARCHITEKTUR salzburg" lag die Konzeption zugrunde, dass ArchitektInnen und KuratorInnen die Vermittlung von Inhalten der Architektur wahrnehmen. Unter anderem wurde die Publikation *Architekturpreis des Landes Salzburg 1976–2000*, mit Texten von Hannelore Deubzer, Roman Höllbacher und Ursula Spannberger, 2002 von der Initiative herausgegeben.

Mit den anderen Architekturhäusern bzw. -vereinen aus den Bundesländern hat sich die „INITIATIVE ARCHITEKTUR salzburg" zur „Architekturstiftung Österreich" zusammengeschlossen.

Ursula Spannberger

Hale Electronic, Industriebau

Heide Mühlfellner

Reiner Kaschl

Der Industriebetrieb Hale Electronic, ein europaweit führender Hersteller von Taxametern, liegt im Nordwesten Salzburgs. Der Bau ließe sich über seine funktionelle Gliederung beschreiben: Die Anordnung der Unternehmensbereiche, Verwaltung, Entwicklung, Werkstätte und Produktion spiegelt sich im Grundriss. Entlang einer in der Nord-Süd-Achse liegenden Straße im Inneren des Baus werden die kommunizierenden, dennoch getrennten Bereiche verbunden. Eigentliches Kennzeichen ist aber das über sämtliche Module gestülpte Raumfachwerk. Motiviert, um durch die Präfabrikation des Daches Bauzeit zu sparen, ist der Baldachin sowohl uraltes Herrschaftssymbol als auch die praktische Anwendung einst visionärer, etwa von Konrad Wachsmann propagierter Konzepte. *rh*

5020 Salzburg, Eugen-Müller-Straße 18
1991–94

Rotkreuzzentrale

Aneta Bulant-Kamenova

Johannes Spalt

Es gibt eine triviale Auffassung vom Funktionalismus, die jeder Nutzung individuellen Ausdruck und noch jedem Nebentürl einen eigenen Charakter verleihen möchte. Dieser Bau gründet auf einer gänzlich anderen Philosophie. Die Rot-Kreuz-Station vereint Einsatzzentrale, Büros, Garage mit 55 Stellplätzen für Einsatzfahrzeuge, Mannschafts-, Ärzte- und Schulungsräume, Bereitschaftszimmer und ein straßenseitig gelegenes Verkaufslokal für Motorräder zu einem homogenen Bauwerk. Eine solche Auffassung von Architektur, die sich als Teil der Stadt und nicht als solipsistisches Denkmal versteht, ist rar geworden. Die Atmosphäre in diesem Haus, dessen Flügel einen ruhigen, mit Bäumen bestandenen Innenhof umschließen, entspricht der in einem Wohnhaus und enthält sich der Ästhetisierung der mannigfaltigen, komplexen Arbeitsabläufe, die in ihm werken. *rh*

■

5020 Salzburg,
Dr.-Karl-Renner-Straße 7/Sterneckstraße
1995–96

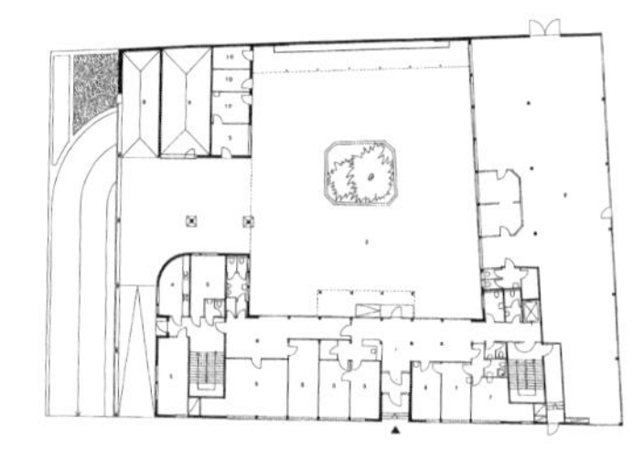

■ **Büroräume, Hofgebäude, Umbau** *5020 Salzburg, Mozartplatz 8+9, 2000–01* **Ingrid Bauer**

Universität für Computerwissenschaften

Heide Mühlfellner
Reiner Kaschl

Das Institutsgebäude liegt in einem typisch vorstädtischen Zersetzungsgebiet und nimmt sich darin wie ein architektonischer Ordnungsruf in der Wüste urbanen Wildwuchses aus. Dies gelingt dem Bau, indem er immer wieder Heterogenes verknüpft, Antagonistisches in Balance hält. So setzt sich die Zeile an der Jakob-Haringer-Straße eigentlich aus drei identen, seriell addierten Modulen zusammen, die durch ein kräftig ausladendes Vordach zu einem straffen Fassadenbild gebündelt werden. Diese zweigeschoßigen Baukörper enthalten gemeinschaftlich genutzte Institutsräume und eine Bibliothek. Im rückwärtigen Trakt sind die Büros mit den Forschungsinstituten um einen Hof gruppiert. Das nach innen orientierte, dreigeschoßige Karree schöpft dabei aus einer gleichsam klösterlichen Tradition der Wissensakkumulierung. *rh*

■

5020 Salzburg, Jakob-Haringer-Straße 8
1992–95

■ **Museum Carolino Augusteum** *5020 Salzburg, Mozartplatz 1, 2000–03* **Heide Mühlfellner, Reiner Kaschl**

Heizkraftwerk Nord
Marie-Claude Bétrix
Eraldo Consolascio, Eric Maier

Hier, am Nordrand der Stadt, galt weniger die Absicht, die vorhandene Industrieanlage zu reorganisieren, als durch einen in seiner Masse konzentrierten, eigenständigen Baukörper das Nichthierarchische des Ortes zu stärken. Organisch fügt sich der Artefakt ins Panorama der Stadtberge und erscheint wie ein aus Urzeiten überkommener, seit jeher im Salzburger Becken lagernder Monolith. Mit einem weiteren Block und der ebenfalls von Bétrix & Consolascio geplanten Gartenanlage entstand ein parkartiges Industrieensemble. *rh*

■
5020 Salzburg, Wasserfeldstraße 31
1993–95

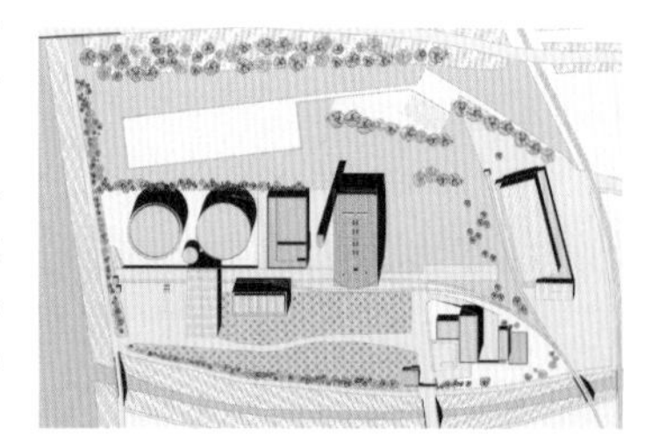

■ **Areal Heizkraftwerk Mitte** *5020 Salzburg, Elisabethkai 52/54, Heizkraftwerk 1999–2002, Betriebsgebäude 1999–2000, Umspannwerk 1992–95, Rauchgasreinigungsanlage 1986–87* **Marie-Claude Bétrix, Eraldo Consolascio, Eric Maier**

Faberhäuser, Bürobau, Dachgeschoßausbau
Ingrid Bauer

Der behutsame Dachgeschoßausbau ist kaum geeignet, die Aufmerksamkeit der Hochglanzmagazine zu erwecken. Nicht das extravagante Apartment mit Blick über die Stadt samt seinen grausigen Folgewirkungen wie aufgerissene Dachflächen und ausladende Terrassen, sondern die sensible Interpretation der Struktur des Gründerzeithauses war die Ausgangslage für den Entwurf. Im aufgehenden Mauerwerk wurden nur kleine Lüftungsfenster gesetzt, ohne die Attika zu erhöhen. Belichtet werden die Büros und die zentrale Erschließung über die Firstverglasung, die im Straßenbild nicht in Erscheinung tritt. In der aktuellen Debatte

über die Nutzung von Dachräumen gerade von Gründerzeitbauten sollten solche Ansätze, die dem Bestand Priorität einräumen, deutlich mehr Anerkennung finden. *rh*

■

5020 Salzburg, Hubert-Sattler-Gasse 5, 7, 9, Faberstraße 9, 11, Franz-Josef-Straße 8
1990–92

■ **Theater** *5020 Salzburg, Franz-Josef-Straße 4, 1999–2000* **Ursula Spannberger**

Kinder- und Jugendhort Taxham

Maria Flöckner
Hermann Schnöll

■
5020 Salzburg,
Otto-von-Lilienthal-Straße 1
1998–2000

Der Neubau ist in seiner Haltung anarchisch und affirmativ zugleich, also im besten Sinne Architektur, die den Zustand der Gesellschaft radikal reflektiert und damit ihre Entwicklungsmöglichkeiten aufzeigt. Die gefaltete Holzschachtel wurde auf eine aus den 1970er Jahren stammende Turnhalle aufgesetzt, wodurch kein Quadratmeter vom knappen Freiraum innerhalb des bestehenden Schulkomplexes verloren ging. Der ursprünglich als Bauplatz vorgesehene Pausenhof konnte erhalten und, durch die räumliche Verschränkung mit dem Neubau, sogar aufgewertet werden. Im Inneren entzündet sich ein Feuerwerk verschieden hoher, ineinanderfließender, aufeinander antwortender Räume. Nicht im Detail, sondern im Benennen der Architektur als Raum der Gesellschaft liegt die Qualität dieses Entwurfs. *rh*

Myslik Wohnbau
Ursula Spannberger

Dominante Wohnblocks, kleinere Siedlungshäuser und spärliche Wiesenreste sind das gesichtslose Umfeld dieser Anlage mit 33 Wohneinheiten. Der Wunsch des privaten Bauträgers, auf der Liegenschaft zwei Objekte zu errichten, wurde mit der Teilung in einen Kopfbau, der über ein transparentes Stiegenhaus mit dem Langhaus verknüpft ist, geschickt erfüllt. Beachtung verdient die zahnschnittartige Grundrissfigur des Langhauses. Sie ermöglicht eine im Geschoßwohnbau selten erreichte Lichtdurchflutung der Wohnungen. Die zweiseitig geschützten Balkonnischen unterstreichen die Leistungsfähigkeit des Konzepts. Das geplante Konstruktionsprinzip mit tragenden Decken sowie Schotten in Stahlbeton und eingesetzten Leichtbauelementen wurde nicht umgesetzt, was gerade in der Straßenansicht als massive Beeinträchtigung empfunden wird. *rh*

■
5020 Salzburg, Schopperstraße
1996–98

■ **Pensionistenheim Itzling** *5020 Salzburg, Schopperstraße 17, 1992–95* **Lieselotte Horner, Horst Haslinger**

Wohnhaus und städtebauliches Leitprojekt „Alltags- und frauengerechtes Wohnen"
Heide Mühlfellner
Reiner Kaschl

Das gemeinsam von Heide Mühlfellner und Ursula Spannberger entwickelte städtebauliche Leitprojekt versucht durch Stellung der Baukörper und eine attraktive Freiraumgestaltung ein geschütztes Wohnquartier entstehen zu lassen. Leider wurden so etliche Gemeinschaftseinrichtungen nicht bzw. nicht in der beabsichtigten Qualität realisiert. Das Thema „frauengerechtes Bauen" scheint am Ende nur als nützliches Vehikel für die Investoren gedient zu haben. In den Wohnungen selbst, mit bestens durchdachten Grundrissen und im sozialen Wohnungsbau nicht üblichen Extras, blieb der hohe Anspruch der Architektinnen jedoch erhalten. *fl*

■

5020 Salzburg,
Berchtesgadenerstraße 35
1996–2001
Städtebauliches Leitprojekt
mit Ursula Spannberger

■ **Wohnhäuser** *5020 Salzburg, Gneiser Straße 57 a+b, 1998–2000* **Heide Mühlfellner, Reiner Kaschl**

Wohnhaus und städtebauliches Leitprojekt „Alltags- und frauengerechtes Wohnen“ Ursula Spannberger

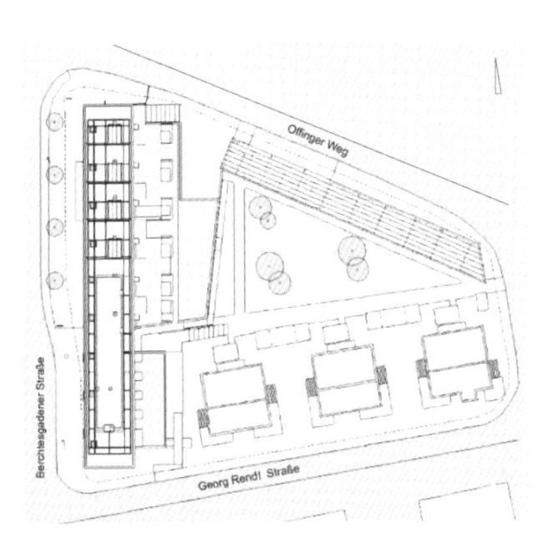

■

5020 Salzburg,
Berchtesgadenerstraße 35
1999–2001
Städtebauliches Leitprojekt
mit Heide Mühlfellner,
Reiner Kaschl

Haus Sailer, Zubau

Aneta Bulant-Kamenova

Klaus Wailzer

Im ersten Schritt wurde die Villa von Vorbauten und Applikationen mit „Salzburgischen Ziermotiven“ befreit, um die klare Form des Gebäudes aus den dreißiger Jahren herauszuschälen. Dann wurde neuorganisiert und ein auf das formale Minimum reduzierter Wintergarten als transparentes raumbildendes Element dem bestehenden Hintergrund vorgelagert. Die Tragelemente bestehen aus je zwei Dreischicht-Glasbalken und -Glasstützen. Die Seitenwände werden von vier Glasschwertern gegen Windkräfte ausgesteift. Der Grad an technologischer Innovation ist bei diesem Anbau für den Bereich des privaten Wohnbaus ein sehr hoher. Ein Stahlgerüst definiert den Raum über der Terrassenfläche. Der Glaskörper wirkt wie eine bewegliche Box, die in diesen angerissenen Quader hineingeschoben und an das Haus angedockt wurde. *fl*

■

5020 Salzburg,
Offingerweg 11
1996–97

■ **Doppelhaus, Niedrigenergie** *5020 Salzburg, Wolfgartenweg 18, 1998* **Sonja Ramusch**

Gemeindezentrum und Kindergarten

Heide Mühlfellner

Reiner Kaschl

5201 Seekirchen, Stiftsgasse 1
1991–94

Die Gemeinde Seekirchen schrieb 1991 einen Wettbewerb mit umfangreichem Programm aus: Neugestaltung der Ortsdurchfahrt, Errichtung von Gemeindehaus, Kindergarten und von Geschäftsflächen. Die vorausblickende städtebauliche und architektonische Neuordnung des alten Marktes wurde von großen Teilen der Bevölkerung übrigens vehement bekämpft und entzündete sich etwa an der Formensprache des Gemeindehauses: Portikus, gedecktes Atrium und Baldachin-Dach, im Kanon abendländischer Kultur fest verankerte Würdeformeln urbaner Macht, stießen damals auf blankes Unverständnis. Die programmatisch konzipierte Polis wird selbst noch am vegetabil verklärten Begriff des Kindergartens verdeutlicht, wenn Heide Mühlfellner betont, „dass der räumlich architektonische Inhalt des Gebäudes symbolisch in eine ‚Stadt der Kinder'" münden sollte. *rh*

■ **Museum Fronfeste** ***5202 Neumarkt/Wallersee, Hauptstraße 27, 1998–2003*** **Gudrun Fleischmann-Oswald, Michael Fleischmann**

Wohnanlage Rif, Dreifamilienhaus

Christine Lechner
Horst Lechner

Bodenknappheit und hohe Preise zwingen zum Umdenken beim Bauen in Ballungszentren und führen zu innovativen Lösungen. Bei diesem neu entwickelten Typus wird zwischen zwei gleichrangige Häuser eine dritte, um ein Geschoß in die Höhe geschobene Wohneinheit gekeilt, sodass ein gemeinschaftlich nutzbarer, gedeckter Freibereich entsteht. Großzügige, nach Süden orientierte Veranden erweitern den spärlichen Freiraum. Traditionelle Elemente – eine der Wohnungen besitzt die Grundrissstruktur eines Bauernhauses mit dem zentralem Flur als Ort des Hauses oder die Verwendung des Baustoffes Holz – verbinden sich mit der unkonventionellen Baukörperstruktur zu einer heiteren Assemblage. Mit dem Verklammern von Erinnerungsmomenten und Innovativem in Haustypus und Gebäudetechnik formuliert dieses Haus eine mögliche Entwicklungsachse der Moderne. *rh*

■

5400 Hallein, Ringweg 6
1998–99

■ **Geschäftslokal Hartl, „16 Tonnen Eisen für Brillen und Schmuck"** ***5710 Kaprun, Salzburgerplatz, 2001*** **Christine Lechner, Horst Lechner**

Haus und Atelier Zenzmaier

Maria Flöckner

Hermann Schnöll

Der eingeschoßige, an der Straße situierte Quader des Fotoateliers bildet mit dem zweistöckigen, verschwenkt dazu stehenden Wohnhaus ein Ensemble. Gebäudestellung und Kubatur nehmen in einer eigenständigen Interpretation Bezug auf die kleinteilige Struktur des angrenzenden Siedlungsgebiets. Während das Ateliergebäude ein reiner Holztafelbau ist, wurde das Wohnhaus in Mischbauweise mit zentraler Betonscheibe und Ortbetondecken als konstruktivem Rückgrat und Speichermasse konzipiert. „Raumkamine" zwischen den Geschoßen und verschiedene Außenwandöffnungen erzeugen vielfältige Blickbeziehungen und Lichtstimmungen. Obwohl sparsam im Materialeinsatz und schlicht in der formalen Ausprägung, ist das Haus-Duo reich an atmosphärischen Erlebnissen, deren Strahlkraft gerade in dieser Reduziertheit zur Geltung kommt. *fl*

■

5440 Kuchl,
Georgenberg 371
2000–01

■ **Einfamilienhaus Kindl, Ökohaus** *5751 Maishofen, Kitzsteinhornweg 22, 2001–02*
Mirja Kindl

Bank und Kulturhaus

Aneta Bulant-Kamenova

Klaus Wailzer

Eine Bankfiliale in einem wuchtigen Gebäude im Alpinstil erfuhr eine radikale Modernisierung: Die Fassade wurde von den plumpen Holzdekorationen befreit, der Dachvorsprung gekürzt und Dachuntersicht samt Fensterrahmen wurden weiß gestrichen. Eine benachbarte alte Lagerhalle wurde zum Kulturhaus umgebaut. Markantestes Element des Ensembles ist das gläserne Foyer, das Kulturzentrum und Bank miteinander verbindet. Die beim Haus Sailer erprobte Technik wurde weiterentwickelt, auf höhere Schneelasten ausgelegt und in den Dimensionen gesteigert. Alle Glaselemente kommen in der größtmöglichen Produktionslänge von 4,2 Metern zur Anwendung. Die für ein alpines Tourismusdorf ungewöhnlich urban wirkende Architektur ist Anstoß für ein von folkloristischen Klischees losgelöstes Selbstverständnis. *fl*

5721 Piesendorf 253
1998–99

■ **Büro- und Geschäftshaus STRABAG** *5700 Zell am See, Brucker Bundesstraße 67, 1998–99* **Ingrid Bauer, Günther Dollnig**

Landschaftsmuseum

Gudrun Fleischmann-Oswald

Michael Fleischmann

Der Lungau zählt heute zu den strukturschwächsten Regionen Österreichs. Was von der historischen Lagegunst geblieben ist, sind die Relikte einer Vergangenheit, in einer Landschaft, die selbst Zeugin der Vormoderne ist. Die Burg Mauterndorf, in ihrer einst strategisch wichtigen Lage am Tor zu den Radstädter Tauern, war geradezu prädestiniert für die Einrichtung eines Lungauer Landschaftsmuseums. Über vier Geschoße und den Turm zieht sich der Museumsrundgang, der immer wieder den gezielten Blick in die Landschaft eröffnet. Durch die Einbeziehung der Burgkapelle mit ihren Fresken und den Privatgemächern von Erzbischof Leonhard von Keutschach – sie zählen zu den wichtigsten Kunstdenkmälern der Gotik in Österreich – entsteht eine spannungsreiche Synthese und macht den Weg durch das Museum zu einer Reise durch die Zeit. *rh*

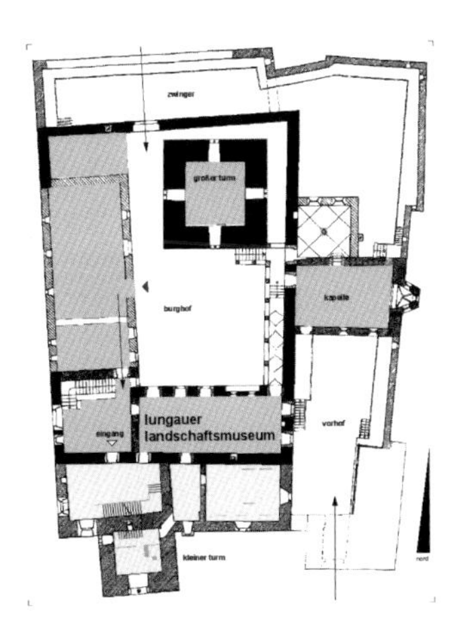

5570 Burg Mauterndorf
2001 1. Teil
(2. Teil in Planung für 2005)

Oberösterreich

In Oberösterreich lässt sich im Architekturgeschehen ein Unterschied zwischen der Stadt Linz und dem Land feststellen.
Allgemein kann jedoch gesagt werden, dass hier im Vergleich zu den meisten anderen Bundesländern neben den versteinerten politischen Strukturen der Baumeister eine übergroße Bedeutung im Baugeschehen besonders auf dem Land innehat und dass sich die ArchitektInnen nur langsam und mit verstärktem Bemühen um gestalterische und raumplanerische Qualitäten durchsetzen können.
„Könnte die Dominanz der majestätisch in der Landschaft ruhenden Vierkanter Aufschluss geben, Erklärung sein für die träge Entwicklung, für das Beharren auf traditionellem Gedankengut?"
Doch zurück von träumerischen, resignierenden Hypothesen zur harten Realität, zu den Problemen, zu den Bemühungen und Erfolgen der ArchitektInnen in Oberösterreich:

Entwicklung in Linz

In Linz wurde Ende der 1980er Jahre vom damaligen Kammerpräsident Schimek, dem Bürgermeister Dobusch und dem Stadtbaudirektor Goldner ein Gestaltungsbeirat eingerichtet, demzufolge entweder ein Wettbewerb durchzuführen oder das jeweilige Bauvorhaben vom Gestaltungsbeirat zu begutachten ist. Dies hatte eine Reihe von Wettbewerben und einen generellen Aufbruch in Richtung Architekturqualität zur Folge.
Über diese Schiene kam auch das EU-geförderte Projekt „Solar City", ein neuer Stadtteil für 5000 EinwohnerInnen, zustande, bei dem die Planung an international bekannte Architekten vergeben wurde.
Auf Betreiben des Linzer Frauenbüros unter Mag. Gabriele Wagner wurde eine Gutachterin, Ulla Schreiber aus Deutschland, zur Begleitung der Planung der „Solar City" eingeladen. Es wurde weiter die Auflage eingebracht, dass immer eine Frau im zweijährig wechselnden Gestaltungsbeirat mitzuwirken hat.
1993 starteten die Architektinnen Lepschi, Proyer, Ring die Initiative „FRAUEN BAUEN". Ausführliche Gespräche mit Politikern und Entschei-

dungsträgern für das Bauwesen wurden mit viel Informationsarbeit getätigt. Ein Ergebnis war ein Frauenwettbewerb für eine Wohnhausanlage der WAG, der „Remisenhof" in Linz-Urfahr, der erfreulicherweise auch von den PreisträgerInnen Binder/Lusser und Mühlfellner/Kaschl in beispielhafter architektonischer Qualität ausgeführt wurde. Dieses engagierte Projekt war aber leider der letzte Akt in einer Reihe weiterer Wohnbauwettbewerbe.

Seit 1989 ist eine Hochschulausbildung für Architektur in Linz institutionalisiert. Seit 1998 trägt die Hochschule den Namen „Kunstuniversität Linz – Universität für künstlerische und industrielle Gestaltung". Von 1989/90–2002/03 absolvierten 93 StudentInnen mit dem akademischen Grad Mag. arch., davon 20 weibliche. Das ist ein Frauenanteil von etwa 22%. Einige Absolventinnen waren bereits als Studentinnen engagiert am Architekturgeschehen beteiligt, wie Astrid Hager und Sabine Funk als Mitarbeiterinnen im Architekturforum oder Veronika Müller und Gabriele Heidecker als Betreiberinnen von Projekten zur barrierefreien Gestaltung des öffentlichen Raumes.

Entwicklung auf dem Lande

Mittlerweile ist auch auf dem Lande ein Hauch von Aufbruchstimmung wahrzunehmen. Es gibt immer mehr Gemeinden – Oberösterreich hat 450 Gemeinden –, die sich von einer engagierten Gruppe von freischaffenden und beamteten KollegInnen beraten lassen. Diese Gruppe fördert die Architekturvermittlung nicht nur in den Gemeinden, sondern trägt sie auch in die Schulen.

Der allgemeine Trend zur Verwendung von alternativen Energien half und hilft, die starre Haltung im Bauwesen besonders in Bezug auf die traditionellen Dachformen aufzubrechen.

Trotz langjähriger Bemühungen, Gestaltungsbeiräte einzurichten, gab es mit Ausnahme der Städte Wels, Steyr und Vöcklabruck wenig Erfolg.

Dennoch ist zu bemerken, dass Architektur als Marktkategorie im Wachstumsland Oberösterreich besonders im Industrie- und Gewerbebau immer mehr Anklang findet.

Hotel „Weißes Rössl"
St. Wolfgang
1972
Christine Vorderegger

Immer mehr freischaffende KollegInnen engagieren sich in Form regionaler Teams auch im Rahmen der Ortsplanung. So wurden 2003 unter der Schirmherrschaft von Landesrat Ackerl in verschiedenen Bezirken Symposien als Gemeinschaftsproduktion von ZVA, IK, Landluft, Bezirksbauämtern, Gemeinden, ORF und ArchitektInnen etc. abgehalten. Als Beispiel ist das erst kürzlich von den ArchitektInnen Karin und Hermann Proyer abgehaltene Symposium „Herbstzeitlos" auf Schloss Neupernstein in Kirchdorf zu erwähnen.

Bereits eine Institution ist der alljährlich vom Büro Arkade organisierte „Haslacher Architekturfrühling" geworden, der in Kooperation mit der Freistädter Architekturwerkstatt das Mühlviertel bedient.

Vor zwei Jahren wurde von der Zentralvereinigung der Architekten ein Architekturführer über das Innviertel herausgegeben, dessen Präsentation eine Reihe von Veranstaltungen im Innviertel auslöste. Eine weitere Publikation über das Mühlviertel ist in Vorbereitung.

Zur Situation der Architektinnen in Oberösterreich

Das Leistungsfeld der Architektinnen in Oberösterreich verläuft parallel zur Anerkennung der Frau in Österreich als Partnerin im Berufsleben. Wie für alle Tätigkeitsbereiche war und ist noch immer ein intensives Bemühen um die Bewusstseinsbildung notwendig, wie wichtig es ist, die Erfahrungswelten der Frauen in die Gestaltung von Gesellschaft und Umwelt einzubinden. Allein dies passiert nur, wie die Erfahrung zeigt, wenn dies Frauen für Frauen umsetzen.

Die positiven Stellungnahmen der Politiker und Entscheidungsträger im Bauwesen, Architektinnen bei geladenen Wettbewerben, bei Jurys und in Gestaltungsbeiräten einzusetzen, blieben jedoch beinahe ergebnislos.

Last but not least ist diese beginnende Veränderung der umtriebigen Architekturvermittlung, die mittlerweile auch von einer Gruppe von Institutionen getragen wird, zu verdanken. Hier gibt es das „Architekturforum – afo", das endlich ein eigens von der Stadt Linz adaptiertes Haus bekam – Vorsitz: Peter Riepl, Leitung: Gerhard Neulinger, und die Zentralvereinigung der Architekten, Leitung des Landesverbandes Oberösterreich: Christa Lepschi.

Romana Ring engagiert sich, indem sie regelmäßig Beiträge über das aktuelle Architekturgeschehen in den „OÖ-Nachrichten" schreibt. Sie hat dafür bereits den Journalismuspreis der Länderkammer arch+ing für Oberösterreich/Salzburg erhalten und ist heuer für den Landeskulturpreis des Landes Oberösterreich nominiert.

Nur bei der Länderkammer arch+ing für Oberösterreich/Salzburg konnte durchgesetzt werden, dass den Architektinnen für ein Jahr nach der Geburt eines Kindes der Kammerbeitrag erlassen wird.

Die oberösterreichischen Architektinnen konnten in den vergangenen zwei Jahrzehnten einige gelungene Bauten realisieren. Es soll dabei nicht verschwiegen werden, dass sich viele von ihnen, zusätzlich zu dieser Leistung, als Mütter einer weiteren Herausforderung, letztendlich auch im Dienst der Gesellschaft, stellen.

Im Bereich der Kammer arch+ing für

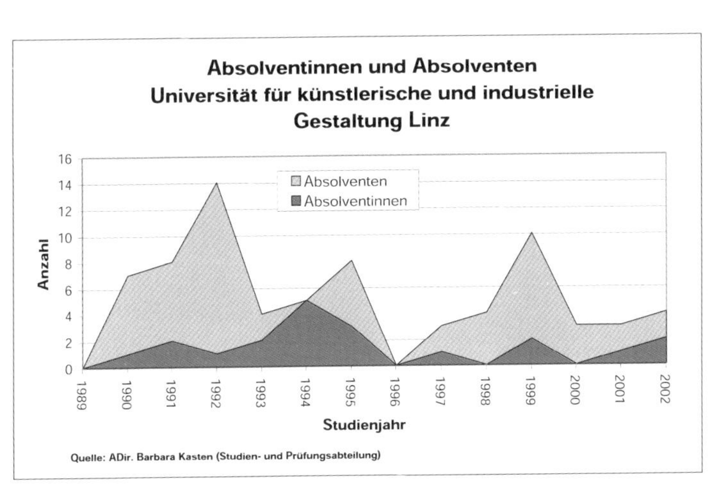

Oberösterreich und Salzburg mit Bürositz in Oberösterreich haben, ausgehend von der Gesamtzahl, 8% der Architektinnen eine aufrechte Befugnis, 9% der Architektinnen eine ruhende Befugnis, 24% sind Anwärterinnen.

Die Bewusstseinsbildung für die Leistungen der Architektinnen in Oberösterreich hat einen Anfang gefunden, gewünscht werden jedoch weitere vertrauensfördernde Maßnahmen, die Zusammenarbeit und Einbindung der Architektinnen in die Wirtschaft in Oberösterreich stärken.

Christa Lepschi
Karin Proyer

Quellen:
„Kunstuniversität Linz – Universität für künstlerische und industrielle Gestaltung“ PR&Kommunikation, Monika Mayrhofer

ÖBB Brücke auf dem VOEST-Gelände
Helga Lassy

In einer Rekordbauzeit von nur 15 Monaten wurde die technisch wie auch architektonisch anspruchsvolle Stahlbrücke zur voestalpine realisiert. Die neue Brücke besteht aus drei Tragwerken. In den beiden Randfeldern befinden sich jeweils WIB-Tragwerke (Stahlträger in Beton) mit je 15 Meter Stützweite. Das Mittelfeld bildet ein Stahltragwerk mit einer Stützweite von 40 Metern. Die Brückenform bildet im Grundriss einen 200-Meter-Bogen. Die spezielle, rohrähnliche Ästhetik der Brücke basiert auf der architektonischen Vorschreibung des Gestaltungsbeirats der voestalpine. Für Architektin Lassy, Beraterin in Gestaltungsfragen der voestalpine, war die Planung eine besondere Herausforderung. Aluminium wurde dabei in Österreich erstmals als Verkleidungsmaterial für eine Brücke mit dieser geometrischen Anordnung verwendet. Das gesamte Stahltragwerk wurde in der Ansicht mit einem „Hügel" überhöht. *gg*

■

4030 Linz, Voestalpinestraße 3
2001–02
Statik: Dipl.-Ing. Wolfgang Kirchmair

■ **Flughafen Linz-Hörsching, Erweiterung** *4030 Hörsching, 2002–03* **Helga Lassy** ■ **Rathaus** *4060 Leonding, Stadtplatz 1, 1996–2003* **Helga Lassy** ■ **Landesmusikschule** *4060 Leonding, Ruflingerstraße 10, 1992–94* **Helga Lassy**

Remisenhof
Marlies Binder / Irmgard Lusser

■

4020 Linz-Urfahr, Landgutstraße 13–13d, 17a
1998–2001
Städtebauliches Leitprojekt „Alltags- und frauengerechtes Wohnen“ mit Heide Mühlfellner, Reiner Kaschl

Mit dem „Remisenhof“ in Linz ist ein Projekt gelungen, das seinen Nutzern eine selten erreichte Qualität des Wohnens bietet. Die nicht zuletzt aus Kostengründen realisierte Bebauungsdichte wird durch einen überaus sorgsamen Umgang mit dem Raum kompensiert. Während drei Baukörper entlang der stark frequentierten Verkehrswege das Grundstück vor Lärmimmissionen schützen, flankiert ein viertes Gebäude die innere Wohnstraße, welche die Wohnanlage mit dem angrenzenden Quartier verknüpft. Das darin angelegte Bekenntnis zur Offenheit wird auf mehreren Ebenen eingelöst. So dient die Erdgeschoßzone, deren großzügige Allgemeinräume von öffentlichen Einrichtungen wie einem Café und einem Eltern-Kind-Zentrum ergänzt werden, der Kommunikation sowohl innerhalb der Hausgemeinschaft als auch der Bereicherung der Stadt. *rr*

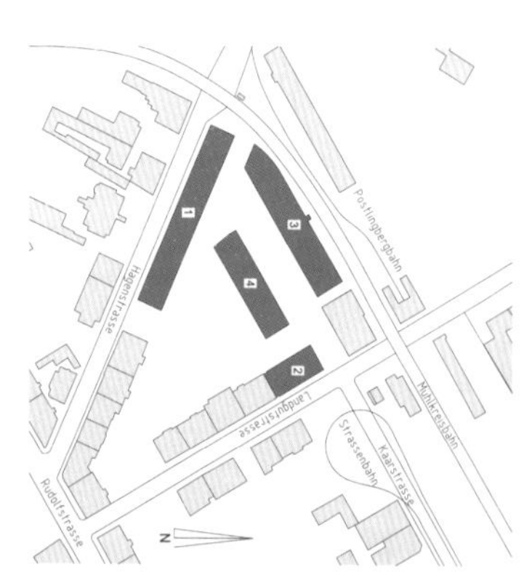

■ **„solarCity“, Passiv- u. Holzhaus** ***4020 Linz-Ebelsberg, Suttnerstraße 32–36 und 33 (Haus 1 u. 2), Forellenweg 52 (Haus 3), 48–50 (Haus 4), 42–46 (Haus 5), 38–40 (Haus 6)*, 1998, 2003–04 Helga Lassy**

Remisenhof, Haus Landgut und Haus Hagen

Heide Mühlfellner

Reiner Kaschl

■

4020 Linz-Urfahr,
Landgutstraße/Hagenstraße
1998–2001
Städtebauliches Leitprojekt „Alltags- und frauengerechtes Wohnen" mit Marlies Binder/ Irmgard Lusser

Die Häuser „Landgut" und „Hagen" des Linzer Remisenhofes sind wie die Gesamtanlage der Offenheit als Konzept verpflichtet. So lag auf der Gestaltung eines hochwertigen Außenraums ebensolches Gewicht wie auf dessen Verbindung mit den gemeinschaftlich genutzten Zonen des Erdgeschoßes. Im Bereich der Stiegenhäuser und Laubengänge laden halböffentliche, von Tageslicht erhellte Räume zum Verweilen ein und fördern so die Kommunikation innerhalb der Hausgemeinschaft. Die mittels Schalträumen im Bereich der Stiegenhäuser in ihrer Größe variierbaren Wohnungen sind durchwegs nach zwei Seiten orientiert und somit quer zu durchlüften. Sie können dank des völligen Verzichts auf Hierarchisierung der Räume für die verschiedensten Lebensentwürfe adaptiert werden. *rr*

■ **Forschungs- und Entwicklungszentrum Chemie Linz AG** *4020 Linz, St.-Peter-Straße 25, 1988–92* **Helga Lassy** ■ **Spielcasino, Casinos Austria** *4040 Linz, Schillerpark, Rainer-Straße 2–4, 1995–96* **Liselotte Peretti, Friedrich Peretti**

St. Franziskus Kirche

Gabriele Riepl
Peter Riepl

■
4400 Steyr-Resthof
1995, 1999–2000

Die Kirche zum hl. Franziskus ist als Versuch konzipiert, den in Architektur und Anordnung gleichermaßen schematisch gebliebenen Wohnbauten des Stadtteils mit einer Geste des Mittelpunkts zu begegnen. Diese Geste ist sehr robust und unpathetisch ausgefallen. Der aus durchgefärbtem Sichtbeton errichtete Bau vermittelt einerseits die sakraler Nutzung angemessene Sammlung und Geschlossenheit, kommt dem Besucher aber mit so unmissverständlichen Zeichen wie dem einer mächtigen, von schlanken Säulen getragenen Loggia an der Seite des Haupteingangs entgegen. Die nicht zu leugnende, vom Maßstab der Wohnbauten jedoch bei weitem in den Schatten gestellte Monumentalität wird durch kluge Umdeutung „kirchlich" besetzter Symbole, wie etwa dem Kirchturm, zum lichterfüllten Glaskubus. *rr*

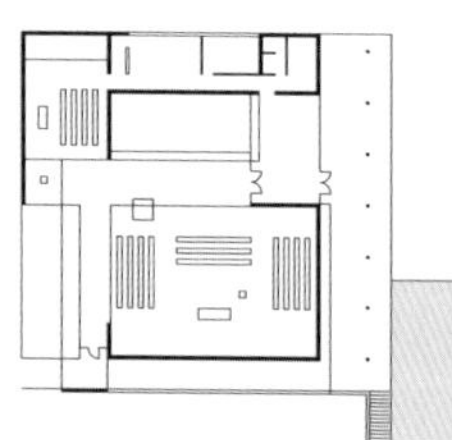

■ **Sakristei Christkindl** ***4400 Steyr, Christkindl, Christkindlweg 64, 1991–92*** **Karin Proyer, Hermann Proyer**

Baumschule, Zu- und Umbau
Helga Schmidt

Die Umbauarbeiten an der Baumschule Halbartschlager betrafen sowohl die in ihrem Volumen dominantere Verkaufshalle als auch das Bürogebäude. Erstere wurde vor allem mittels einer klein strukturierten Metallfassade bauphysikalisch und wohl auch ästhetisch auf den Stand der Technik gebracht. Ein mittig in die Dachkonstruktion eingesetztes Oberlichtband mit Lüftungsflügeln hat zudem den Komfort des Raumes wesentlich erhöht. Das Bürogebäude erhielt mit einem zweigeschoßigen, die Fassade durchdringenden Glaskörper eine prägnantere Eingangssituation, die den Besucher in zeitgenössischer Formensprache empfängt. Dieser dem Thema „Raumerweiterung durch Lichteinfall" verpflichteten Maßnahme entspricht auch das Entkernen des Erdgeschoßes, das über eine neue, einläufige Treppe mit dem Obergeschoß verbunden ist. *rr*

■

4400 Steyr, Wolfernstraße 23
1998–99

■ **Ärztehaus mit Apotheke** ***4400 Steyr, Resthofstraße 1, 1996*** **Karin Proyer, Hermann Proyer**

Einfamilienhaus Proyer, Passivhaus

Karin Proyer
Hermann Proyer

In augenscheinlicher Leichtigkeit scheint das Passivhaus mit dem Panoramablick über der lieblichen Hügellandschaft zu schweben. Alle Mühsal bleibt hinter einem harmonisch-beherrschten Bild verborgen, das zu erzeugen auch ökologisch weniger ambitionierten Projekten nicht oft gelingt. Während die geforderten bauphysikalischen Qualitäten eines Passivhauses meist durch die Geschlossenheit dick eingepackter Kisten und nicht selten mit grobschlächtigen Details erkauft werden, ist hier die Architektur und ihr Anspruch auf gut komponierte Proportionen und Materialien, auf Eleganz und fließende Übergänge zwischen Haus und Landschaft im Vordergrund gestanden, ohne allerdings Abstriche vom selbst gesteckten Ziel zu bedingen. *rr*

■

4400 Steyr, Schlühslmayrstraße 56
1998–2000

■ **Lagerhalle, Umbau** ***4522 Sierning, Oberbrunnenstraße 9a, 2000–01*** **Helga Schmidt**
■ **Platzgestaltung** ***4560 Kirchdorf/Krems, Hauptplatz, 1997–98*** **Karin Proyer, Hermann Proyer**

Einfamilienhaus Neudorfer
Christa Lepschi

Ein Eigenheim, das die Zwiespältigkeit der städtebaulichen Situation mit einfachen und wirkungsvollen Mitteln thematisiert und so in aller angemessenen Bescheidenheit etwas Würze verleiht. Es tritt als Teil eines durchaus innerstädtischen Umfelds mit einer massiven Wand direkt an die Grundgrenze. Der dennoch daran vorbeigeführte Zaun wiederum bringt die nicht unwesentliche Komponente des ein wenig ländlich anmutenden Gartens ins Spiel. Das außen wie innen sehr klar gegliederte Haus ist mit einer Tonne gedeckt, welche die obere Wohnebene um ein räumlich spannendes Element bereichert. Dem Grünraum wendet das Gebäude eine Holzfassade zu, die über schmale, von filigranen Stahlkonstruktionen getragene Holzbalkons und einen gedeckten Sitzplatz an der Stirnseite des Hauses den Bezug zur Natur unterstreicht. *rr*

■

4600 Wels,
Freiheitsstraße 3
1991–94

■ **Vierkanthof Kautinger** *4632 Pichl/Wels, Geisensheim 10, 1993–96* **Regina Freimüller-Söllinger** ■ **Wohn- und Bürohaus** *4551 Ried/Traunkreis, Voitsdorf 80, 1991–2000* **Ursula Werner-Tutschku**

Fachhochschule
Tiina Parkkinen

4232 Hagenberg, Hauptstraße 117 2002–04

Der Neubau ist in seiner Grundkonzeption eine Hofanlage, deren Geschlossenheit jedoch durch die Verquickung mit zwei weiteren Gestaltungsprinzipien aufgebrochen wird. So ist es einerseits das Motiv des Weges, welches den Entwurf verändert, andererseits das Bild des Bauwerks als Antwort auf die Topografie. Die Anlage öffnet in der Eingangsebene den Blick auf die Landschaft und überhöht die Bewegung des Geländes mittels Rampen, Böschungen und Stiegenanlagen zu einem deutlich abgegrenzten und dennoch fließenden Außenraum. Die Überschneidung mehrerer Richtungen in der Anordnung der Baukörper macht auch im Grundriss Ansätze dieser Bewegtheit spürbar, die wiederum von einer weitgehend den Prinzipien der Rechtwinkeligkeit unterworfenen Formensprache ausgeglichen wird. *rr*

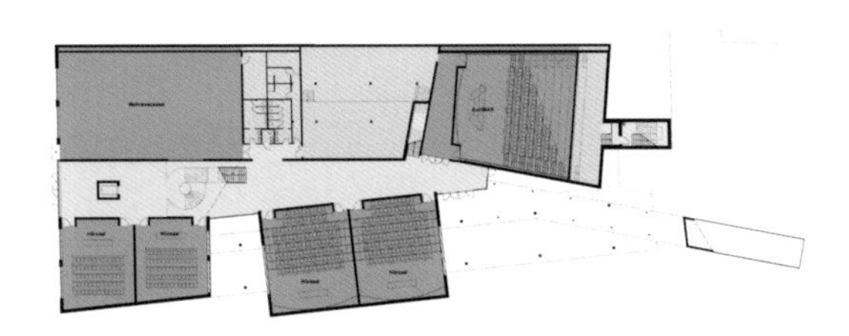

■ **Alter Posthof, Foyer, Umgestaltung** ***4020 Linz, Posthofstraße 43, 2000–01*** **Veronika Müller/Gabriele Heidecker, Sabine Funk**

Kreuz-Apotheke, Umbau

Bettina Götz
Richard Manahl

Die wesentliche Aussage der Kreuz-Apotheke liegt nicht in der Optimierung der vorgefundenen Räume für Verkauf, Lagerung und Rezeptur. Die Regalflächen zur Präsentation der Waren konnten vergrößert, die Belichtungssituation verbessert und die funktionalen Abläufe in schlüssige Raumfolgen umgesetzt werden. Darüber hinaus aber präsentiert sich der Verkaufsraum nach dem Umbau als prägnanter Ort, in welchem sowohl die Funktion als auch der Sinn des Unternehmens ihre Gestalt gefunden haben. Die ausschließliche Verwendung von Untersberger Marmor zur Bekleidung von Boden, Wänden und Decken, ja selbst zur Ausbildung der Pulte und Regale spricht von Konsequenz, Gediegenheit, Ordnung, Glätte und Sauberkeit und ruft mit ihrer rötlich geäderten Oberfläche gleichzeitig die Vorstellung von lebendiger Fleischlichkeit wach. *rr*

■
4722 Peuerbach, Hauptstraße 60
1998–99

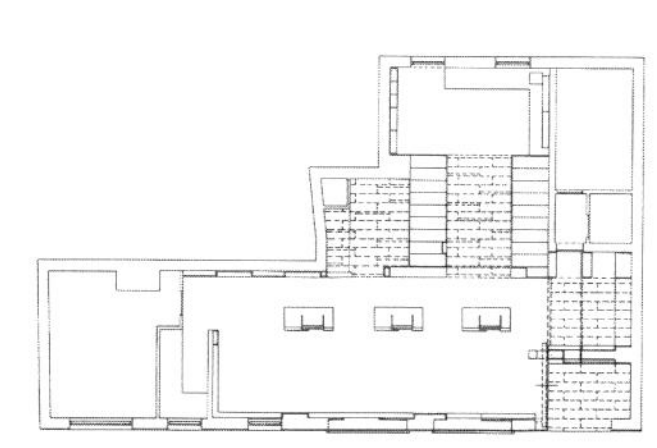

■ **Technologie- und Innovationszentrum** *4710 Grieskirchen, Industriestraße 28, 2002–03* **Claire Braun** ■ **Einfamilienhaus Altmann** *4721 Altschwandt 88, 1997–2000* **Christa Lepschi**

Agrarium Marktplatz
Elisabeth Farkashazy

Das „Agrarium" ist ein Landschaftspark, in dem die Präsentation der neun Bundesländer Österreichs mit ihren jeweiligen Nutzpflanzen einen wesentlichen Themenschwerpunkt darstellt. Die Aufgabe des Eingangsbauwerkes war es, verschiedene Nutzungen wie Kassa, Jausenstation, WC-Anlagen, Informationsstand und einen kleinen Ausstellungsbereich zu beherbergen. In Hinblick auf eventuelle spätere Nutzungsänderungen ist den mit Gründächern gedeckten Gebäuden eine Arkadenreihe vorgeschaltet, welche die Fassade zum Platz als Konstante gewährleistet. Dieser ist zum Park hin als Halbkreis ausgebildet, ein Motiv, welches die Torgebäude ein wenig verschoben aufnehmen, sodass die vom Schloss Almegg inspirierte Axialität der Anlage für den herannahenden Besucher gebrochen wird. *rr*

■

4654 Bad Wimsbach, Almeck 11
1993–94

■ **Schloss Neupernstein, Umbau und Innenraumgestaltung** ***4560 Kirchdorf/Krems, Neupernsteinerstraße, 1998–2003*** **Karin Proyer, Hermann Proyer**

Musikschule und Gemeindeamt

Karin Proyer
Hermann Proyer

■
5145 Neukirchen/Enknach
1996–2002

Eine wesentliche Qualität des Musikschul-Neubaus liegt darin, dank unverdrossener Überzeugungsarbeit seitens der Architekten nicht „auf der grünen Wiese" außerhalb des eigentlichen Ortskerns entstanden zu sein, sondern als Erweiterung des bestehenden Gemeindeamts. Letzteres – ein aus dem 19. Jahrhundert stammender Umbau eines mittelalterlichen Gebäudes – wurde in das Konzept der Musikschule einbezogen und insbesondere mit einem Veranstaltungssaal im Obergeschoß für die neue Nutzung adaptiert. Mit wenigen gezielten Eingriffen, wie beispielsweise dem Entfernen eines bauplastisch unbefriedigenden Steildaches auf dem ältesten Gebäudeteil, wurde die Anlage zu einer schlüssigen Abfolge von Räumen umgeformt, die ihre Geschichte ablesbar macht und auch dem öffentlichen Raum das nötige Gewicht verleiht. *rr*

■ **Sparmarkt** *5261 Uttendorf, Braunauer Straße, 2000* **Ursula Werner-Tutschku**
■ **Einfamilienhaus** *5310 Mondsee, St. Lorenz, Höribachweg, 1992* **Ursula Spannberger**

Einfamilienhaus, Therapieräume
Sonja Ramusch

■

4902 Wolfsegg/Hausruck,
Voglhuberweg 18
2002

Das Wohnhaus in Wolfsegg mit einer Praxis für chinesische Medizin (Feng-shui und Geomantie) gehört zu den wenigen Anlagen, denen es gelingt, das mit großer Breitenwirkung trivialisierte Schlagwort „Feng-Shui", Erkenntnisse aus chinesischer Elementenlehre und geomantische Gesichtspunkte seriös mit zeitgenössischer Architektur zu verbinden. Das Gebäude orientiert sich als langgestreckter zweigeschoßiger, von einem mächtigen Pultdach gedeckter Baukörper mit einer großzügig geöffneten Südfassade vor allem zur Sonne und zum Landschaftsraum. Unter Ausnutzung der Topografie sind die Therapieräume weitgehend in den Hang gegraben. Die Räume des Hauses sind als offene, nutzungsbestimmte Folge untereinander verbunden und bilden im gleichen Geist einen fließenden Übergang zum minutiös gestalteten Garten. *rr*

■ **Büro- und Sozialgebäude Schrattenecker** *4923 Lohnsburg, Magetsham 19, 1994–96 (Teil 1), 1998–99 (Teil 2)* **Gabriele Riepl, Peter Riepl** ■ **Bürohaus Ahrer** *4840 Vöcklabruck, Feldgasse 17, 2001–02* **Claudia Frei**

Niederösterreich

Niederösterreich besteht bis Anfang der 90er Jahre aus dezentralen Verwaltungszentren in seinen ländlich industriellen Regionen mit Regierungssitz in der Metropole Wien. In diesen Regionen sind die dafür typischen stabilen politischen Verhältnisse vorzufinden. Über Jahrzehnte beschränkt sich die niederösterreichische Architekturszene und Baukultur in Bezug auf die geringe Konkurrenz von Architekten auf behördlich geforderten synthetischen Heimatstil, bestehend aus Krüppelwalmdächern, bunten Dispersionsfassaden, Putzfaschen und aufgeklebten Fenstersprossen.

Mit den wiedererstarkten, anspruchsvollen Architekturströmungen in Österreich entstehen auch hier erste Pionierwerke vor allem im Bereich privater Bauherrschaften. Die Entscheidung zur eigenen Landeshauptstadt und der damit verbundene Bau eines Regierungsviertels bildet den Anfang zu einem klaren Votum für Architektur in Niederösterreich.

Architekturwettbewerbe mit qualifiziert beschickten Beurteilungsgremien stellen sicher, dass eingesessene Lokalmatadore mit eitlem Mittelmaß von hochqualifizierten Architekten abgelöst werden. In der Folge breitet sich dieses Architekturverständnis in die Regionen des Landes aus wie z. B. nach Waidhofen/Ybbs und Krems.

Mit Gründung von „ORTE architekturnetzwerk niederösterreich" 1994 wird der Diskurs um zeitgenössische Baukultur verstärkt in die Regionen getragen. ORTE steht für die Vertretung der Architektur als Kulturgut.

Neben der Behandlung aktueller, spezifisch ländlicher Themen werden auch internationale Aspekte diskutiert.

Im Rahmen des von „ORTE architekturnetzwerk niederösterreich" herausgegebenen Buches wird mit 103 Projekten aus dem Zeitraum 1986–97 dokumentiert, dass in Niederösterreich qualitätvolle und zeitgenössische Bauwerke entstanden sind. 21 der genannten Werke sind freischaffenden Architektinnen (allein oder in Partnerschaft) zuzuordnen.

Das Leistungsspektrum dieser Projekte erstreckt sich über folgende Bereiche: Architekturbezogene Außenraumgestaltung: Maria Auböck, Brigitte Mang

– beide Wien; Einfamilienhäuser: Martha Enriquez-Reinberg, Irmgard Frank, Gabriele Hochholdinger, Andrea Konzett, Christa Prantl, Karin Raith-Strömer, Franziska Ullmann – alle Wien, sowie Karla Kowalski – Graz; Wohnbauten: Ulrike Lambert – Wien; Tourismuseinrichtungen: Monika Putz – Stixneusiedl/Wien, Elena Theodorou-Neururer – Wien; Büro- und Verwaltungsbauten, Kulturbauten: Karin Bily – Perchtoldsdorf/Wien, Elsa Prochazka – Wien; Schulen: Evelyn Wurster – Wien; Geschäfte und Industriebauten: Gorgona Böhm, Karin Schwarz-Viechtbauer – beide Wien. Die Herausgabe des Buches *ORTE Architektur in Niederösterreich 1986–1997* (hg. von Walter Zschokke, Basel 1997) erfolgte unter der ORTE-Vorsitzenden Franziska Ullmann.

Die Auswirkungen der Öffnung des Architekturverständnisses dokumentieren sich in vielen weiteren Projekten, an denen mehr und mehr Architektinnen beteiligt sind oder eigenverantwortlich dafür zeichnen. Als Beispiel sei die Kulturwerkstätte in Hof am Leithagebirge von Marie-Therese Harnoncourt in Zusammenarbeit mit Ernst J. Fuchs genannt.

Die Entwicklung des Frauenanteils der Architektinnen in Niederösterreich stellt sich nach Durchsicht der Ziviltechnikerverzeichnisse von 1971 bis 2003 wie folgt dar:

Beginnend mit 1971 – drei Architektinnen – waren im Zeitraum von 1977–99 im Mittel zehn Architektinnen freischaffend tätig. Diese Zahl springt 2000 auf 13 und erreicht 2003 einen Höchststand von 23.

Der Frauenanteil entspricht somit 12,36% ungeachtet einer ruhenden oder aufrechten Befugnis.

Den Hauptschwerpunkt der Ausbildungsstätten bei den Architektinnen in Niederösterreich bildet die Technische Universität Wien. Nur zwei Architektinnen absolvierten ihr Studium als Magistra architecturae.

Die Beschreibung des Zeitraums vor 1971 stützt sich auf die im Jahre 1982 herausgegebene Broschüre über Österreichische Ziviltechnikerinnen. So werden in dieser mit Kanzleisitz in Niederösterreich folgende Architektinnen genannt:

Aufbahrungshalle Friedhof Hinterbrühl
2371 Hinterbrühl, Eichbergstraße
Helene Koller-Buchwieser

Dipl.-Ing. Jutta Müller – freischaffend ab 1956 in Wr. Neustadt, Projekte: Volksschule Ungarviertel, Wiederaufbau Bürgerspital, Wohnhausanlage – alle in Wiener Neustadt;
Dipl.-Ing. Dr. techn. Brigitte Ottel – freischaffend ab 1964 in Bisamberg, Arbeitsgemeinschaft mit Univ. Doz. Dipl.-Ing. Dr. techn. R. Ottel, Projekt: Pensionistenheim Himberg;
Dipl.-Ing. Prof. Margarete Frank – freischaffend ab 1966 in Baden, Projekt: Seelsorgezentrum Loosdorf;
Dipl.-Ing. Prof. Hermine Eisenmenger-Sittner – freischaffend ab 1968 in der Hinterbrühl, Projekt: Friedhofserweiterung Hinterbrühl.
Weiters werden von folgenden Architektinnen Projekte in Niederösterreich präsentiert:
Dipl.-Ing. Prof. Helene Koller-Buchwieser – freischaffend ab 1948 in Wien,

Jungarbeiterdorf Gießhübl/Wien
2372 Gießhübl/Wien
1950–52
Helene Koller-Buchwieser

Projekte: Aufbahrungshalle Hinterbrühl und Jungarbeiterdorf Gießhübl;
Dipl.-Ing. Eva Mang-Frimmel – freischaffend ab 1955 in Wien, Arbeitsgemeinschaft mit Prof. Dipl.-Ing. Karl Mang, Projekte: Wohn- und Atelierhaus im Waldviertel, Freizeitzentrum Gmünd, Pfarrkirche Winzendorf;
Dipl.-Ing. Baurat h. c. Elise Sundt – freischaffend ab 1957 in Wien, Projekte: Gendarmerie Neunkirchner Allee, Fassadengestaltung Bürgerhaus Horn;
Dipl.-Ing. Edda Gellner – freischaffend ab 1962 in Graz, Arbeitsgemeinschaft mit Dipl.-Ing. Fritz Neuhold, Projekt: Heilig-Geist-Kirche, St. Gabriel/Mödling;
Mag. arch. Erika Schreiber – freischaffend ab 1965 in Wien, Projekt: Wohnhaus, Lebensmittelverarbeitung und Agrarspeicher in Korneuburg;
Dipl.-Ing. Annemarie Obermann – freischaffend ab 1971 in Wien, Arbeitsgemeinschaft mit Dipl.-Ing. Dr. techn. Werner Obermann, Projekt: Bundesschulzentrum Tulln.

Die österreichische Monatszeitschrift für bildende Kunst Profil, herausgegeben ab 1933 von der Zentralvereinigung der Architekten Österreichs, beschäftigt sich in Heft 4/1933 allgemein mit dem Thema „Die schaffende Frau". Der Artikel „Die Architektin" beschreibt die Stellung der Frau in diesem Beruf:

„Unter all den auch von Frauen ausgeübten Berufen ist der des Architekten am längsten eine Domäne des Mannes geblieben, weil zu dessen Ausübung nicht allein originelle, sondern gleichzeitig und in sehr weitgehendem Maße auch aggressive Talente, bis zu diktatorischer Strenge gegenüber maskuliner Brutalität, zu bewähren sind; weil ohne Bewährung derselben – einst nannte man dies Praxis – der (griechisch) Architekt, d. h. wörtlich Urerzeuger, Oberbewirker, niemals jene Erfahrung machen kann, die ihn schließlich zu dem alles vorausbedenkenden, umsichtigen und fürsorglichen Berater und Anwalt seines Bauherrn werden lassen.

Eine Würdigung der Tätigkeit der Architektin soll sich daher vorwiegend auf ihre schöpferischen Qualitäten beschränken. Das feinere feminine Einfühlungsvermögen in die Bedürfnisse und Wünsche des Bauherrn mag ihr dabei wohl zustatten kommen und besonders da, wo sie aus eigener Erfahrung kontrollieren kann, also im hauswirtschaflichen Betriebe, dem Mann gegenüber von Vorteil sein...", gezeichnet mit H. A. V. Hinweise auf in Niederösterreich tätige Architektinnen sind den Folgejahrgängen bis Kriegsbeginn nicht zu entnehmen.

Recherchen im öffentlichen Dienst der Landesregierung und in Gemeindeverwaltungen lassen keine Hinweise auf Architektinnen in führenden Positionen finden.

Seitens der Niederösterreichischen Landesregierung wurden an Architektinnen folgende Preise verliehen:

1. Preis für vorbildliche Bauten in Niederösterreich – Dipl.-Ing. Eva Mang;

1996 Kulturpreis der NÖ Landesregierung, Anerkennungspreis für Architektur – Elena Theodorou-Neururer & Neururer, Wien/Innsbruck, sowie Dipl.-Ing. Monika Putz, Stixneusiedl/Wien/Linz.

Monika Putz

Geschäftshaus
Anne Bauer

Das an der Südbahn gelegene Gebäude beherbergt zwei Handelsbetriebe für medizinisch-technische Produkte. Der schlichte Baukörper nimmt auf die lockere, kleinteilige Bebauung des Gebiets mit einer gegliederten, leicht verschwenkten Fassade und einem zurückspringenden Dachgeschoß, in dem sich der Schulungsbereich befindet, Rücksicht. Optische Leichtigkeit und Offenheit werden im Bereich der zweigeschoßigen Eingangshalle durch die Alu-Glasfassade erzielt. Von dieser zentralen Halle ausgehend ist die Erschließung übersichtlich organisiert. Sämtliche Büro- und Nebenräume sind über kurze Wege erreichbar. Um spätere räumliche Veränderungen zu erleichtern, wurde der Bau in Skelettbauweise mit versetzbaren, zum Teil transparenten Zwischenwänden ausgeführt. *fl*

■

2340 Mödling, Grenzgasse 38a

2002–03

■ **Einfamilienhaus** ***2340 Mödling, Carl-Zwilling-Gasse 49, 1999–2000*** **Judith Eiblmayr, Christa Buchinger** ■ **Garten des Arnold-Schönberg-Center** ***2340 Mödling, Bernhardgasse 6, 2002*** **Maria Auböck, Janos Karasz**

bauMax, Gewerbebau

Marta Schreieck
Dieter Henke

■

2320 Schwechat,
Kreuzung Pressburgerstraße/Budapesterstraße
1996–99

Eine Landmarke mit der Prägnanz eines Logos auf höchstem architektonischem Niveau: 180 Meter lang, mit 10.000 m² Verkaufsfläche und 340 Stellplätzen. Henke-Schreieck glückte hier zu minimalen Kosten eine Großform, die Altbestand, drei Hallen, Vorplatz, Nebenräume, Garage und Gartencenter zusammenfasst. Als Blickfang wirken die außenliegenden, dynamisch schräg von Norden nach Südwesten sich windenden Sonnenschutzlamellen an der bugartigen Stahlglasfassade. Die primäre Konstruktion besteht aus einem Stützenraster von 15 x 12 Metern, die Verkaufshalle ist durch Oberlichten bis ins Innerste hell und dank ausgereizter Stahlkonstruktion stützenfrei. Innenliegende, vertikale Schwerter bilden mit außenliegenden Rundrohren ein in sich stabiles System. Möglich war die ausgetüftelt konsequente Umsetzung der reinen Stahlverbundkonstruktion nur in Absprache mit der Feuerpolizei und intensiver Kooperation mit Statiker Christian Aste, Metallern und Schlossern. *im*

■ **Haus der Jugend, Kindergarten, Hort** ***2320 Schwechat, Wismayrstraße 45, 1996–98*** **Monika Putz** ■ **Loft** ***2452 Mannersdorf/Leitha, Jägerzeile 38–40, 1999*** **Heidemarie Hillerbrand, Herbert Halbritter**

„trum", Schlosserhalle mit Bar

Evelyn Rudnicki

pool Architektur

Ein Bild wie aus einem Roadmovie: inmitten wogender Weizenfelder am Ortsende von Trumau liegt ein monolithischer Block aus malerisch rostenden Stahlplatten. Nahtlos sind Gläser eingesetzt, in denen sich der Himmel spiegelt. Wenige, unbehandelte Materialien und die von pool souverän gehandhabte Schräge verleihen der Schlosserei „trum" ihre Aura. Kein Wunder, dass die Bar zur frequentierten Szene-Location wurde. Der Stahl verweist auf den Betrieb, eine markante Rampe führt zur Bar, darunter senken sich Zu- und Abfahrt ins Gelände. Das dynamische Raumerleben setzt sich innen fort: hinauf auf einer rostenden Schräge zur stählernen Theke, weiter auf breiten Stufen, blickt man in die anschließende Werkhalle hinunter. Ihr Boden aus geschliffenem Beton ist einfach zu reinigen, die Struktur der freispannenden Träger ist ebenso sichtbar wie Wanddämmung, Heizung und Lampen, die unprätentiös an der Wellblechdecke mit Oberlicht hängen. *im*

■

2521 Trumau,
Dr.-Theodor-Körner-Straße 6
1998–2000

■ Casino, Umbau und Innenraumgestaltung ***2500 Baden, Kaiser-Franz-Ring 1, 1992–95***
Liselotte Peretti, Friedrich Peretti

Einfamilienhaus, Zubau
Evelyn Rudnicki
pool Architektur

Neu trifft auf alt, ungewöhnlich auf herkömmlich. Hier wurde kein harmonisierender Dialog mit dem Bestand angestrebt, sondern bewusst auf Kontrast gesetzt. Ein kleines Haus wurde mit einem markanten Zubau auf 160 m^2 vergrößert. Die bestehende Substanz wurde ausgeräumt, die westseitige Außenwand abgebrochen. In diesem Bereich wurde eine verkleidete Stahlskelettkonstruktion vorgestellt, die alle Erfordernisse mit einem Schwung erfüllt: Eine einseitig auf einer Betonwand aufgelagerte Scheibe, die sich, wie pool es formulieren, wie eine Locke verformt und die charakteristische Form des Zubaus erzeugt. Diese Locke kann vieles: Sie erzeugt den großzügigen Wohnbereich, der durch seine seitlichen Verglasungen den Garten ins Haus herein zieht. Darüber ist sie Terrasse vor Bad und Schlafzimmer und sie ist Innen- und Außenstiege. *ek*

■

2511 Pfaffstätten,
Einöde 18
2000–02

■ **Einfamilienhaus** *2380 Perchtoldsdorf, Anton-Wildgans-Gasse 11, P 117, 2001–02* **Claudia Pöllabauer-Tscherteu** ■ **Villa Praun, „Haus auf der Höh"** *2640 Raach am Hochgebirge, 1998–99* **Aneta Bulant-Kamenova, Klaus Wailzer**

Kinderhort

Ulrike Hausdorf

Günther Hadler

■

2391 Kaltenleutgeben, Hauptstraße 158
2000–01

Vom bewaldeten Südhang in Kaltenleutgeben neigt sich der Kinderhort schwungvoll Richtung Hauptplatz. Beschriftet ist die Fassade mit Zitaten von Saint-Exupéry aus dem „Kleinen Prinzen" und Arthur Schopenhauer. Der Hort bringt nicht nur Bewegung ins Erscheinungsbild der Gemeinde, sondern setzt auch neue Maßstäbe für die räumliche Erfahrungswelt von Kindern und deren tagtägliche Begegnung mit zeitgenössischer Architektur. Wie ein Riesenflügel legt sich das Dach über den gesamten Baukörper und geht schließlich über Sonnenschutzlamellen in die schräg gestellte, bunte Glasfassade über. Der Hort legt neben der Raumerfahrung für Kinder auch besonderen Wert auf deren Erleben des Zusammenspiels von Formen und Farben. Eine wellenförmige Galerie sowie kreisrunde Bodendurchbrüche schaffen ungewöhnliche räumliche Konstellationen. *ek*

■ **Feuerwehrhaus** ***2391 Kaltenleutgeben, Hauptstraße 74, 2000–03*** **Ulrike Hausdorf, Günther Hadler**

Vinzenzkapelle
Jutta Woertl-Goessler

Eine dem hl. Vinzenz gewidmete Gedächtniskapelle der „Pecher", jener Kollegen der Köhler, die in den Wäldern von der Pecherzeugung lebten (im ehemaligen Pfarrhof der Gemeinde Hernstein befindet sich ein Pechermuseum). Die Lichtung in einem Kiefernhain ist folgerichtig der Ort, an dem diese Kapelle, die eigentlich eine begehbare Skulptur ist, realisiert wurde. Über einem gepflasterten Platz ragt eine markante, schräg gestellte Glaswand auf, die – gemeinsam mit einer in der Längsachse gedrehten Wand aus Stämmen und Latten – eine dynamische, zeltartige Form ergibt. Das dicke, in sich unregelmäßig strukturierte Glas und diverse Öffnungen in der Holzkonstruktion sorgen für reizvolle Lichteffekte und Spiegelungen. *wt*

■

2560 Hernstein, Pecherweg
2001–02

- **Bundesgymnasium** *2560 Berndorf, Sportpromenade 19, 1979–81* **Brigitte Ottel**
- **Hotel Sacher, Umbau** *2500 Baden, Helenentalstraße 55, 1997–98* **Ulrike Janowetz**

Wohnhaus B.
Ingrid Isabella Gumpinger

■

2103 Langenzersdorf, Kellergasse 14
1987–93

Der Südhang des Bisambergs ist von charakteristischen Kellergassen geprägt. Nach Abbruch des Altbaus musste sich die Straßenfassade des Neubaus in diese Struktur – Schutzzone und geschlossene Bauweise – einfügen. Das Haus ist für eine vierköpfige Familie geplant, mit einer gartenseitigen Einliegerwohnung für die Großeltern. Die Hanglage wird innen in fünf Ebenen aufgenommen und nach außen konzeptionell fortgesetzt. Der L-förmige Wohn- und Wintergartenbereich öffnet sich zum geschützten Innenhof, gebildet aus Haus und Wirtschaftsgebäude. Zentrum des Hauses ist der Kachelofen, um den sich die Treppe dreht, die alle Ebenen erschließt. Die Kombination von passiver Sonnenenergienutzung im Wintergarten und Kachelofen führt zu optimalen Energiekennzahlen, ein Biotop ergänzt das ökologische Kleinklima. *ek*

■ **Wohnhaus B., Niedrigenergiehaus** ***3430 Tulln an der Donau, Birkenweg 10*** **Ingrid I. Gumpinger**

Brunnen und Wartebox
Brigitte Löcker

2020 Schöngrabern,
Hauptplatz Mittergrabern
1997–2000

Gefördert von Kunst im öffentlichen Raum in Niederösterreich konnten am Hauptplatz von Mittergrabern ein Brunnen und eine Wartebox realisiert werden, die auf dem gepflasterten Platz miteinander in Dialog treten. Sie bilden zwei Raumwinkel, die zueinander versetzt und verdreht sind. Die Materialien sind klar akzentuiert eingesetzt: Nirostablech gebeizt, Sichtbeton, gefärbte und weiße Glasflächen. Die Objekte setzen auf die Spiegelung des Ortes. Wartende und Passanten finden ihr Spiegelbild im Wasser und im Glas. Die grünen und blauen Gläser werfen bunte Schatten, in denen man sich unvermutet entdecken kann. Horizontale Niroflächen bilden die Wasserelemente, sowohl das Dach als auch das leicht geneigte Brunnenbecken, das sich einer Quelle gleich in den Platz senkt. *ek*

Ordination und Wohnhaus, Zu- und Umbau

Christa Prantl

Alexander Runser

Die unter Denkmalschutz stehende Mühle mit barocker Giebelfassade (um 1760) wurde zu einem Wohnhaus mit angeschlossener Kinderarztpraxis umgestaltet. Neben der Freilegung des verschütteten Untergeschoßes, durch das man nun in die Ordinationsräume gelangt, und der Sanierung der Substanz erhielt das Gebäude durch eine Intervention an der Schnittstelle zwischen den beiden Gebäudetrakten eine zeitgemäße Prägung. Sie äußert sich – formal und materiell vom Bestand deutlich abgehoben – in Form einer räumlichen Struktur mit Wandscheiben aus schalreinem Beton. Diese definieren die Wegeführung im Gebäude und sind zugleich das moderne Zentrum des Anwesens. Die Baugeschichte des Hauses – auch jene Interventionen, die erst im 20. Jahrhundert aus pragmatischen Gründen vorgenommen wurden – blieb ablesbar. *fl*

■

2130 Mistelbach, Lanzendorfer Hauptstraße 54
1990–93

■ **Rechtsanwaltskanzlei und Wohnung, Umbau und Innenraumgestaltung** ***3040 Neulengbach, Am Kirchenplatz, 1992–96*** **Christa Prantl, Alexander Runser**

Bauernhaus „Zita Kern“, Zu- und Umbau

Bettina Götz

Richard Manahl

Inmitten der flachen Felder des Marchfelds liegt das Anwesen der Bäuerin und Literaturwissenschafterin Zita Kern. Die Abtragung des baufälligen Dachs über dem ehemaligen Kuhstall führte zu baulichen Veränderungen, in denen eine radikale Begegnung zwischen Alt und Neu gewagt wurde. Der Stall wurde in einen großzügigen Bade- und Arbeitsraum transformiert. Das Erdgeschoß, in das der Baderaum eingebaut wurde, dient nunmehr als Sockel für den ungewöhnlichen Aufbau – ein schimmerndes Raumobjekt mit einer völlig glatten Aluminiumhaut, das den Arbeitsraum beherbergt. Zum Garten, nach Norden, liegt eine schmale Terrasse. Über dem Bad, im Westen, liegt eine zweite große Terrasse. Der neue Treppenaufgang ist dem Ziegelwerk des Bestands vorgesetzt. *ek*

■

2281 Raasdorf, Pysdorf 1
1996–98

Einfamilienhaus Dr. Kellnreitner

Gabriele Hochholdinger
Franz Knauer

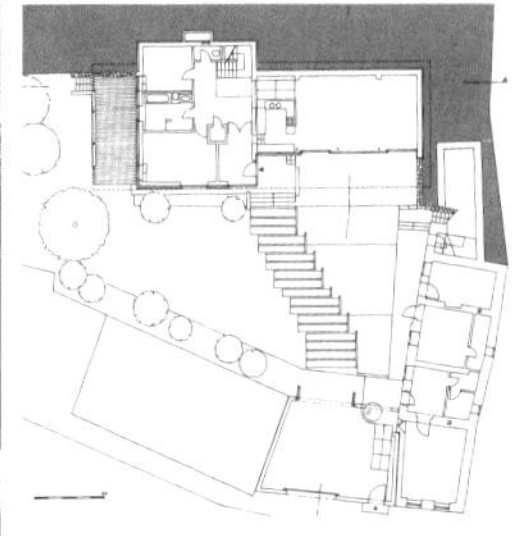

2123 Unterolberndorf,
Rußbachstraße 16
1997–99

Das Wohnhaus ist eine zeitgemäße Ergänzung der von landwirtschaftlicher Gebäudetypologie geprägten Siedlungsstruktur und beispielhaft für den Umgang mit alter dörflicher Substanz. Der Neubau ergänzt den bestehenden Hakenhof und schließt – ähnlich wie die früher üblichen Scheunen – den Hof ab. Er besteht aus einem zweigeschoßigen Zimmertrakt und einem etwas abgesenkten großen Wohnraum mit einer Glasfront zur Terrasse. Im Gegensatz zum transparenten Gesellschaftsbereich sind die privaten Zimmer in bergendes Betonsteinmauerwerk und Holz gehüllt. Der um die Deckenscheibe des Erdgeschoßes laufende Stahlträger betont die Horizontale und wirkt als ausgleichendes Element im unebenen Gelände. An der Schmalseite kragt er als Pergola aus und überdeckt mit einem Blätterdach und roten Glasfeldern einen intimen Freibereich. *fl*

Kloster Pernegg
Semiarzentrum mit Gästehaus und Pfarrhof, Revitalisierung
Monika Putz

■

3753 Pernegg 1
1991–97

Im Zuge der Generalsanierung und der Errichtung der Neubauten wurde archäologische Pionierarbeit geleistet. Bereits im Mittelalter war das 1153 gegründete Kloster umgebaut worden. Nun legte man Wandmalereien, Zisternen, Ringmauern frei. Die archäologischen Untersuchungen sowie das Studium alter Stiche führte zur Situierung des neuen Gästehauses an der Stelle ehemaliger Vorhofgebäude in der Achse der früheren Straße zum Ort. Die rationale Architektur der massenbetonenden Neubauten mit flachen Dächern setzt auf einen spannenden Dialog mit den Resten älterer Gebäudekonstruktionen, unterstützt durch die charakteristische Farbgebung von Oskar Putz. Den von der Klosterkirche überragten Altbauten mit den steilen Ziegeldächern bleibt weiterhin die Aufgabe der Hügelbekrönung. *ek*

■ **Kampbrücke, Stahlbetonkonstruktion** ***3562 Stiefern, 1996–97*** **Eleonore Kleindienst**
Statik: Laszlo Tanay

Heimatmuseum, Umbau

Anja Fischer

Ernst Beneder

■

3340 Waidhofen/Ybbs,
Oberstadtplatz 32
1997–99

Eisen und Stahl prägen seit dem Mittelalter die Stadt Waidhofen/Ybbs. Das Heimatmuseum hat sich inhaltlich dem Thema der Eisenverarbeitung verschrieben. Materialien wie rohes Blech oder Stahl kennzeichnen auch den Umbau des Museums. So wird die Last des historischen Gewölbes über eine in vier Stützen zentrierte Stahlkonstruktion abgeleitet. Im Ausstellungsbereich werden die bestehenden Wände mit rohem Blech verkleidet. Zusätzliche natürliche Belichtung wird über ein abgemauertes Stiegenhaus gewonnen, das aufgebrochen als zentraler Lichtschacht fungiert. Schwenkbare Ausstellungswände ermöglichen eine variable Hängung – der Raum ist rasch zu verändern. Durch die bewusst roh eingesetzten Materialien wird der Besucher in eine Zeit der Schmieden und Hammerwerke – neu interpretiert – versetzt. *bk*

■ **Optiker Forster** *3390 Melk, Rathausplatz 6, 2002–03* **Sabine Bartscherer, Ana Paula Cachola** ■ **Einfamilienhaus Gottlieb** *3400 Klosterneuburg/Weidling, Stöllngasse 12,* **Franziska Ullmann**

Osterkapelle, Augustiner Chorherrenstift Herzogenburg, Umbau

Anja Fischer
Ernst Beneder

Ein ehemaliger Stichgang im von Jakob Prandtauer geplanten Barockstift wurde zu einem zeitgemäßen Sakralraum von hoher Strahlkraft verwandelt, der die baukünstlerische Tradition des Stiftes würdig fortsetzt. Das Gewölbe und die bestehenden Fenster wurden nicht angetastet. Der vorher lineare Durchgangsraum erhielt eine neue Orientierung. Eine mit Konglomeratstein ausgekleidete Nische – das leere Grab – und der davor stehende – „weggewälzte“ – Steinwürfel des Altars bilden mit dem roten Glasambo und dem im Raum freistehenden Kreuz das Zentrum und verweisen auf die Geschehnisse der Osternacht. Ein Glasfries von Wolfgang Stifter gibt dem Ensemble nach oben hin Halt. Entlang der gegenüberliegenden Wand sorgt eine Lambrie mit Sitzbank aus Nussholz mit integriertem Lichtband für Wärme. *fl*

■
3130 Herzogenburg
1996–97

■ **Stammhaus Sparkasse Niederösterreich, Revitalisierung** *3100 St. Pölten, Herrengasse 4, 1999–2000* **Anja Fischer, Ernst Beneder**

Haus am Hang
Christa Prantl
Alexander Runser

■

3413 Hintersdorf, Hauptstraße 151
1989–94

Die schon auf den ersten Blick erkennbare Schlichtheit und Regelmäßigkeit des Hauses hat System. Dem Grundriss liegt ein Raster von 1 x 1 Meter zugrunde, nach dem sich die tragenden Teile ebenso richten wie die Öffnungen und die Schaltafeln für Wände und Decken aus Sichtbeton. Zwei ebenfalls betonierte Kerne beherbergen Küche, Bäder und Schrankraum. Diese Elemente unterteilen den Grundriss und ermöglichen eine sinnvolle Trennung der zentralen Halle von den privaten Zimmern und Wohnbereichen. Die konstruktive und organisatorische Klarheit bildet zusammen mit den sparsam eingesetzten Materialien das Wesen des Hauses und verleiht den Innenräumen fast meditativen Charakter. Dass wichtige Ausstattungselemente wie Küchenzeile, Schränke und Regale Gegenstand der Architektenplanung waren, perfektioniert den Gesamteindruck. *fl*

■ Passivhaus Alber-Ledermann, Büro und Wohnung ***3411 Weidling, Stöllngasse 10, 2001–03*** **Manuela Alber ■ Haus Kohut** ***3400 Scheiblingstein, Kellergrabengasse 46, 1995*** **Silvia Fracaro**

Burgenland

Das Burgenland kam 1921 als neuntes und jüngstes Bundesland zu Österreich, Eisenstadt wurde 1925 zur Landeshauptstadt. Damit begann eine Bauphase der verschiedenen Verwaltungseinrichtungen, Schulbauten und erster Wohnhausanlagen. Das ehemalige Zentrum Ödenburg fiel zu Ungarn. In der ländlichen und dörflichen Kultur des Burgenlandes entwickelten sich urbane Strukturen nur sehr langsam. Die geographische Lage und die topografisch unterschiedlichen Landschaften bewirken eine Orientierung des nördlichen Burgenlandes Richtung Wien, des Mittel- und Südburgenlandes eher Richtung Graz. Aus diesen beiden Städten, in denen auch die nächsten Architekturschulen angesiedelt sind, kamen in der Folge die Architekten der wesentlichen Bauten der Anfangs- und Aufbauphase des Bundeslandes.

In den 1950er Jahren ist es die Kirche, die als Bauherr zum ersten Mal eine Architektin beschäftigt. Martha Bolldorf-Reitstätter, die erste Absolventin einer Architekturklasse der Akademie der bildenden Künste in Wien, Schülerin von Clemens Holzmeister und Tirolerin, plante den „Bischofshof" in direkter Nachbarschaft zum Eisenstädter Dom für die neugegründete Diözese. Weitere kräftige Zeichen setzt die Architektin durch den Bau der Wohnhausanlage mit dem Hochhaus in Eisenstadt um 1960.

Später widmete sie sich der Restaurierung und Revitalisierung von Schloss Kobersdorf.

Die intensive Auseinandersetzung von Architekten und Künstlern mit dem „baulichen Klima" des Landes, der Landschaft und Architekturtradition begann in den 70er Jahren. Es ist auch die Zeit, in der in größerem Rahmen öffentliche Aufträge realisiert werden. In dieser Zeit finden wir keine am Baugeschehen beteiligten Frauen, weder Architektinnen noch Auftraggeberinnen.

Auch im öffentlichen Dienst blieben Architektinnen bisher Ausnahmeerscheinungen. In der Burgenländischen Landesregierung war Dipl.-Ing. Walpurga Braun in der Hochbauabteilung tätig und leistete als Sachverständige für Landschaftsschutz einen wesentlichen Beitrag. Heute finden sich keine

Schloss Kobersdorf
Revitalisierung ab 1964
Martha Bolldorf-Reitstätter

Architektinnen in leitenden Verwaltungspositionen.

Erst ab 1980 werden die Zeichen einer neuen Generation merkbar. Die ersten Arbeiten der Architektin Silvia Fritz sind Geschäftsumbauten in Oberpullendorf, die aufmerksam machen. Ihr in verschiedenem Kontext künstlerischer Arbeitsschwerpunkt führte sie in der Folge weg vom Burgenland.

Der Diskurs um zeitgemäße Baukultur wird vom „ARCHITEKTUR RAUM BURGENLAND" seit 1993 aktiv geführt.

Als dessen Geschäftsführerin wurde Susanne Schmall zur einflussreichen Kennerin der Architektur- und Kulturszene des Landes.

In der ersten Broschüre über österreichische Ziviltechnikerinnen, die 1982 herausgegeben wurde, scheint keine einzige Architektin im Burgen-

Entwurfszeichnung Bischofshof
Diözese Eisenstadt, St.-Rochus-Straße 21
ab 1963
Martha Bolldorf-Reitstätter

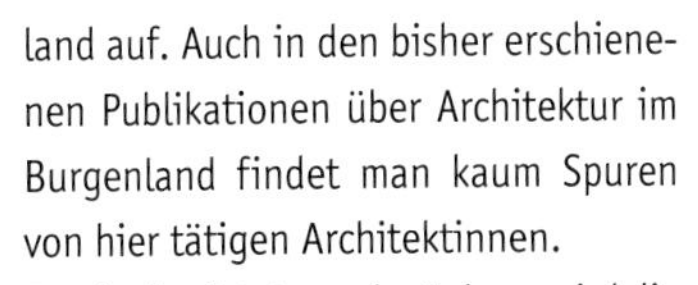

land auf. Auch in den bisher erschienenen Publikationen über Architektur im Burgenland findet man kaum Spuren von hier tätigen Architektinnen.

Erst in den letzten zehn Jahren wird die gesellschaftliche Veränderung deutlich, die mehr Frauen die Berufsausbildung sowie reale größere Berufschancen ermöglichte und damit mehr Frauen den Beruf der Architektin ausüben lässt und in der Öffentlichkeit sichtbar macht.

In der Zusammenfassung zum „Architekturpreis des Landes Burgenland" 2002 zeigt sich, dass bereits einige Frauen im Burgenland tätig sind. Unter den ausgezeichneten Projekten finden sich als beteiligte Architektinnen Evelyn Wurster (jetzt: Evelyn Rudnicki) von pool sowie Marlies Breuss und Susanne Schmall mit Beiträgen zum Einfamilienhaus, die im Burgenland am weitesten verbreitete Wohnform und Bauaufgabe, und Gerda Gerner vom Wiener Architekturbüro gerner°gerner plus mit dem Projekt eines Bürozubaus. Mit weiteren Projekten vertreten sind Silvia Kerschbaumer-Depisch mit der Grenzabfertigungsanlage Schachendorf, Christine Zwingl mit der Wohnhausanlage Mattersburg und Cordula Bachner mit einem Einfamilienhaus.

Das aktuelle österreichische ZiviltechnikerInnen-Verzeichnis weist einen Frauenanteil von 10,7% im Burgenland aus (mit ruhender und aufrechter Befugnis).

Christine Zwingl

convex.shop, Optikergeschäft

Marlies Breuss

Holodeck.at

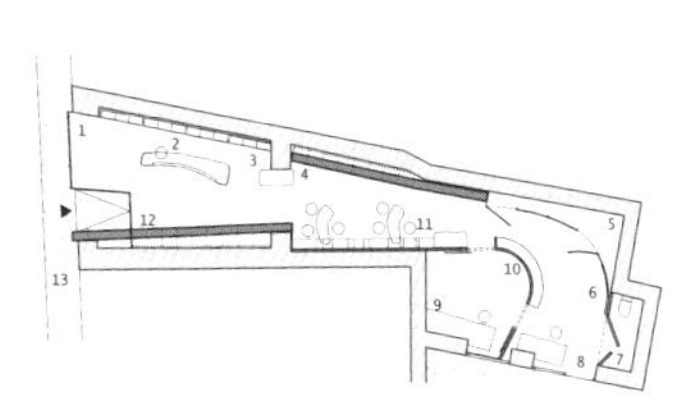

Die charakteristische Form des Auges – das Auge als Sensor, aber auch als Inbegriff des Voyeurismus – stand Pate für den Entwurfsgedanken dieses Optikergeschäfts. Über eine Rampe gelangt man vom Straßenraum in den Geschäftsraum. Das Schaufenster springt nach außen über die Fassade hinaus und schwebt als gläserner Behälter fünfzehn Zentimeter über dem Gehsteig. Eine nach hinten ansteigende, weiß glänzende Decke wirkt der perspektivischen Verengung des extrem langgezogenen Lokals entgegen. Im Geschäftsraum schweben die Brillenfassungen auf eingespannten Aluminiumrohren vor hinterleuchteten, mit gelbem Stoff bezogenen Plexiglasplatten. Bewegliche Spiegelelemente strukturieren den Raum immer wieder neu. Der hintere Werkstatt- und Bürobereich wird von zwei Ellipsen definiert. *ek*

■

7000 Eisenstadt, Am Stadttor 4

1999

■ **„Wirtshaus zum Eder", drei Gaststuben und Sushibar, Umbau** ***7000 Eisenstadt, Hauptstraße 25, 1998–99*** **Eva Wiesner, Elisabeth Pieringer-Lunzer**

Cselley Mühle, Kulturzentrum, Umbau
Eva Wiesner / Elisabeth Pieringer-Lunzer

Ein „klassisches Beispiel für parasitäre Architektur" nennen die Planerinnen selbst den Um- und Ausbau einer Mühle, deren älteste Teile aus dem 16. Jahrhundert stammen und die seit 1976 als multifunktionales Kulturzentrum genutzt wird. Vordringlich ging es um die Erweiterung eines bestehenden Kellertheaters mit Garderoben und um die Schaffung neuer Verwaltungsräume. Auch wenn Geldmangel die Realisierung mancher Details verhindert hat, ist doch ein beeindruckendes Nebeneinander von historischer Substanz und neuen Strukturen gelungen. Letztere setzen sich klar konturiert und selbstbewusst, aber niemals auftrumpfend in Szene – auch dort nicht, wo sie, etwa in Form markanter Fensterschlitze, direkt in altes Mauerwerk eingefügt sind. *wt*

■

7064 Oslip, Sachsenweg
1996–97
Keramiker: Robert Schneider
Maler: Sepp Laubner

■ **Atelier für Holzbildhauer** ***7011 Siegendorf/B, Fabriksgasse 43, 2000–01*** **Eva Wiesner/ Elisabeth Pieringer-Lunzer**

Notariatsgebäude Heidemarie Hillerbrand

Herbert Halbritter

Das Erscheinungsbild der Notariatskanzlei ist geprägt vom kontrastierenden Spiel der Materialien, die entsprechend ihren unterschiedlichen Qualitäten zum Einsatz gebracht werden. Holzpaneele und Glasflächen wurden mit Sandstein und Sichtbeton kombiniert. Im Zuge des Neubaus wurden auch Möbel und Einrichtung eigens entworfen und angefertigt. Auf Eingangsniveau befinden sich die von der Straße abgeschotteten, dem Garten zugeordneten Arbeitsräume sowie der Sozialbereich. Ein Schrankmöbel, das als Ablage dient, übernimmt auch die Funktion eines Raumteilers und einer Abschirmung zwischen Arbeits- und Wartebereich. Auf Gartenniveau befinden sich der große Besprechungsraum sowie das Archiv. Das Gebäude wurde als Skin- und Skeletonkonstruktion angelegt und ist, sollte der Bedarf bestehen, nachträglich aufzustocken. *ek*

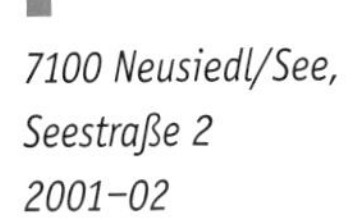

7100 Neusiedl/See, Seestraße 2
2001–02

■ **SKA Zicksee, Bereich „Bungalowdorf“, Zu- und Umbau, Patiententrakt, Aufstockung**
7161 St. Andrä, 1996–2001 **Anne Bauer, Hartwin Bauer**

Wohnbau
Sonja Kremsner / Michaela Kremsner

Qualität um möglichst wenig Geld – das war erklärtes Ziel dieser Niedrigenergiewohnanlage mit insgesamt 15 Wohneinheiten. Neun Dreizimmer-, zwei Vierzimmer- und vier Kleinwohnungen sind in zwei jeweils zweigeschoßigen Baukörpern, die im Winkel zueinander stehen, untergebracht. Gemeinsam mit einer Reihe überdachter Abstellplätze ergibt sich ein offenes Dreieck, das als Freiraum genutzt wird und Platz für einen Kinderspielplatz und eine kleine Parkanlage bietet. Die Architektur, die im Zuge eines neuen Ortsentwicklungskonzepts realisiert wurde, ist von schnörkelloser Übersichtlichkeit. Der halbkreisförmige Abschluss des einen Baukörpers setzt eine individuelle Note. *wt*

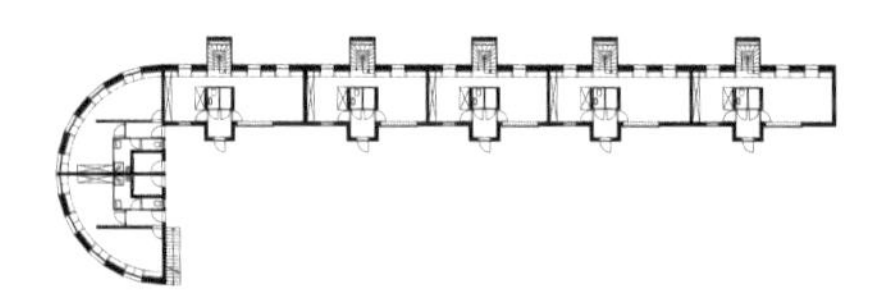

■

7021 Draßburg, Conrad-v.-Patzenhofer-Straße 1
2000–02

■ **Weinbar, Verkaufslokal und Büro, Moorhof Vinarte** ***7062 St. Margarethen/B, Hauptstraße 106, 2001–02*** **Eva Wiesner, Silvia Dutka**

Wohnhausanlage
Christine Zwingl

Für die „Hinteren Gartenäcker“, am Rand von Mattersburg gelegen, gab die Planung von Christine Zwingl bereits im Bebauungsplan eine Verdichtung durch Wohnbauten vor, die neben die ortsübliche Einfamilienhausbebauung treten sollte. Die Wohnhausanlage Bergstraße zeigt einen Wohnbautyp mit kleineren Wohnungen und setzt auf klar zueinander positionierte Baukörper. Die vorgesetzten verglasten Stiegenhäuser sowie die Laubengänge wurden als offene, kommunikative Zonen gestaltet. Die dreigeschoßige Bebauung passt sich dem Geländeverlauf an. Der bestehende Höhenunterschied des Osthangs wurde dazu genutzt, alle im Sockelgeschoß untergebrachten Garagen natürlich zu belichten und zu belüften. Orientiert sind die Freiräume, die Terrassen und Loggien der rund 90 Wohnungen nach Süden oder Westen. *ek*

■

7210 Mattersburg, Bergstraße/Wassergasse
1997–2003

■ **Radiologische und chirurgische Ordination** *7400 Oberwart, Heidegasse 6, 2002*
Barbara Fandl

Einfamilienhaus
Heidemarie Hillerbrand
Herbert Halbritter

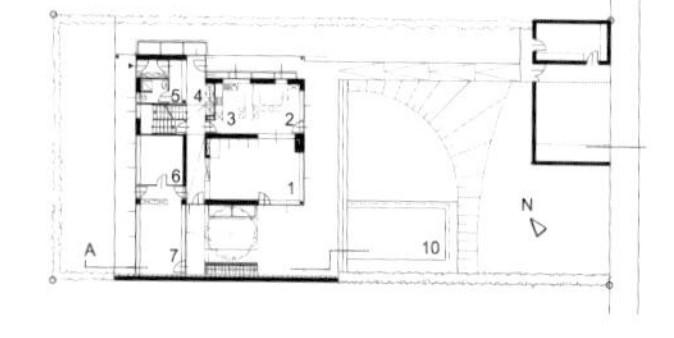

7091 Breitenbrunn, Franz-Schell-Straße 99
1999–2000

Dieses auf den Abhängen des Leithagebirges errichtete Einfamilienhaus gemahnt in seinem Formenvokabular und sachlichen Erscheinungsbild an die klassische Moderne. Die Blickbeziehungen in die umgebende Landschaft und auf den See waren ausschlaggebend für Konzeption und Anlage dieses Hauses, das sich von innen nach außen entwickelt. Jedem der Innenräume wurde ein entsprechender Außenraum zugeordnet, um so großzügige und vor allem ungestörte Ausblicke zu ermöglichen. Ein Quersteg im Obergeschoß schafft darunter einen intimen Patio. Zugleich dient der Steg als Beschattungselement für die südseitige Verglasung. Ein dem Patio vorgelagerter Pool schafft einen fließenden Übergang zwischen den Innen- und Außenräumen, verlängert gleichsam den Garten in das Haus und unterstreicht die Offenheit der Anlage zum Außenraum. *ek*

Haus einer Restaurateurin, Zu- und Umbau
Regina Freimüller-Söllinger

Ein Zubau, der einen zweifachen Dialog führt: einerseits mit dem bestehenden Haus, andererseits – und das vor allem – mit der Landschaft. Parallel zu den Höhenschichtlinien konzipiert, besteht der neue Teil aus einem Stahlbetonbaukörper, der in den Hang geschoben wurde. Dieser Bauteil dient als „Platte" für einen Holzskelettbau, bei dem es um größtmögliche Transparenz geht: „Ein Durchfließen der Landschaft wird ermöglicht." Oberlichten spielen in diesem Zusammenhang eine wesentliche Rolle sowie die Anbindung des neuen an den alten Baukörper. Außerdem sorgen sie dafür, dass auch den Räumen im Untergeschoß genügend Licht zugeführt wird. Im Innern des Hauses wirken Fenster und Glaswände gleichsam wie Rahmen für attraktive Ausblicke. *wt*

■

7434 Rettenbach 108
1997–99

■ **Behindertengerechtes Einfamilienhaus mit Büro** *7400 Oberwart, Augartengasse 11, 2001–02* **Barbara Fandl**

Die historischen, kulturellen und bildungspolitischen Hintergründe ...

Wien bietet als Hauptstadt von Österreich neben den vielfältigsten und lukrativsten Bauaufgaben auch die differenziertesten Möglichkeiten zur Berufsausbildung einer Architektin/eines Architekten. Neben der Technischen Universität Wien sind die Universität für angewandte Kunst und die Akademie der bildenden Künste die anerkannten Schulen. Wobei – im europäischen Raum vergleichsweise spät – Frauen erst ab 1919 an der Technischen Hochschule als ordentliche Hörerinnen studieren durften. Die k. k. Kunstgewerbeschule bot dazu schon früher die Möglichkeit, sodass Grete Schütte-Lihotzky als erste Frau 1919 ihr Studium an der heutigen „Angewandten" abschloss. An der heutigen TU Wien beendete im Jahr 1923 Friederike Neumann als erste Frau das Architekturstudium.

Heute ist das Verhältnis von weiblichen und männlichen ArchitekturstudentInnen annähernd ausgeglichen. Doch die berufliche Weiterentwicklung entspricht bei weitem nicht diesen Prozentsätzen, weder im wissenschaftlichen Bereich noch im freiberuflichen Schaffen. Zumeist „verschwinden" die Frauen in den Büros ihrer Partner, was nicht zuletzt auch durch die wirtschaftliche Hürde einer umstrittenen und bis heute ungelösten Kammer-Altersversorgung verursacht wird.

So ist es leichter, wenn nur einer, also bislang der Mann, die „offiziellen" Verpflichtungen übernimmt, was leider auch dazu führt, dass Frauen vielfach unerwähnt bleiben und ihre Arbeit öffentlich nicht bekannt ist.

Trotz Frauenförderungsprogrammen ist die Anzahl von Frauen in höheren technischen Positionen mit Entscheidungsbefugnis zu gering, dies trifft auch für die im öffentlichen Dienst tätigen Architektinnen zu, wobei die Stadtverwaltung eine Erhöhung des Frauenanteils anstrebt. Die Geschäftsgruppe für Stadtplanung und Verkehr hat sich jedenfalls zum Ziel gesetzt, einen 25-Prozent-Anteil Architektinnen zu geladenen Wettbewerben zuzuziehen und die Beurteilungsgremien zu 25% mit Frauen zu besetzen.

Volks- und Hauptschule der Gemeinde Wien
1210 Wien, Roda-Roda-Gasse 5
Elise Sundt

Die männlichen Mitglieder der Kammer sind dagegen – müßig zu erwähnen, sind sie doch in den Entscheidungspositionen!
Erst neue Trends in den 1990er Jahren führten zu Architektengruppierungen, in denen Frauen gleichwertige Rollen übernehmen bzw. in Partnerschaften – zumeist auch Lebenspartnerschaften – arbeiten, in denen sie als Architektinnen ebenfalls in der Öffentlichkeit präsent sind. Heute führt der Weg aus dem Hörsaal zumeist direkt in eine Gruppierung Gleichaltriger ohne Ziviltechnikerbefugnis und nicht mehr zu jahrelanger Mitarbeit in Architekturbüros. Einige Frauen führen ihre eigenen Architekturbüros und erregen mit ihren Projekten Aufmerksamkeit. Es sind jedoch immer noch zu wenige.

... und die Auswirkung auf die Architektur der Stadt

Mit der Umsetzung des Stadtentwicklungsplanes 1984 (STEP 84) wurden neue Impulse gesetzt und neue Aufgabenfelder für die Architektinnen bei der Erarbeitung von Vorschlägen für Problemzonen einer Großstadt in städtebaulicher und gesellschaftspolitischer Hinsicht eröffnet. Seitens der Politik wurde über Frauenfragen und Themen nachgedacht und diese Erkenntnisse im weiteren Bau- und Planungsprozess umgesetzt. Einen essentiellen Beitrag leisteten in der Stadt Wien die Leiterin des 1991 eingerichteten Frauenbüros, Eva Kail, und Brigitte Jilka als Leiterin der Abteilung für Stadtentwicklung und Stadtplanung (MA 18).

Zu Beginn der 90er Jahre, als noch steigender Wohnungsbedarf zu verzeichnen war, konnte somit die architektonische Entwicklung mit neuen Konzepten bereichert werden. Im weiteren traten die sogenannten Themenstädte auf den Plan, die – zum Teil mit Bauträgerwettbewerben abgewickelt – sich einzelnen gesellschaftspolitischen, städtebaulichen oder ökologischen Bereichen widmeten.

Im Zuge dessen wurde die „Frauen Werk Stadt I" gebaut, ein im Jahre 1993 vom Frauenbüro der Stadt Wien initiiertes Projekt. Nach einem Wettbewerb unter ausschließlich weiblicher Beteiligung wurde das städtebauliche Grundkonzept von Franziska Ullmann umgesetzt. Elsa Prochazka, Gisela Podreka, Liselotte Peretti und Franziska Ullmann selbst bauten diese Wohnanlage, deren Außen- und Innenräume frauen- und alltagsgerechten Aspekten entsprechen sollten. Die Architektinnen sprechen von Alltagstauglichkeit.

Schatzkammer Hofburg Wien, Schweitzerhof
Umbau Renovierung 1989
Eva Mang-Frimmel, Karl Mang

Die Außenräume wurden von der Gartenarchitektin Maria Auböck und der Künstlerin Johanna Kandl gestaltet. Elsa Prochazka plante das Kindertagesheim.

Ende der 90er Jahre wurde erneut ein Wettbewerb „Frauen Werk Stadt II" ausgelobt. Die Aufgabenstellung wurde um den Aspekt „Wohnen für betagte Menschen" erweitert. Diesmal waren nicht mehr ausschließlich Architektinnen zum Wettbewerb eingeladen. Das Projekt von Christine Zwingl mit dem Büro Ifsits/Ganahl/Larch erlangte den ersten Preis, Patricia Zacek den zweiten.

Weitere Themensiedlungen, an deren Konzeption oder Planung einzelner Bauteile ebenfalls Architektinnen beteiligt waren, sind, um nur einige zu nennen, die „Autofreie Stadt" – Cornelia Schindler; die „Compact City" – BUS architektur, Laura Spinadel mit dem Themenbereich „Wohnen und Arbeiten"; die „Thermensiedlung Oberlaa" – Delugan_Meissl Architekten; das Stadterweiterungsgebiet „In der Wiesen" – Franziska Ullmann.

Weitere Wohnbau-Großprojekte der Stadt sind die „Donaucity", „Kagran-West", die „Schmidtstahlgründe" in Favoriten und andere.

Nicht zu vergessen ist das große „Schulbauprogramm 2000" der Gemeinde Wien. Dieses ermöglichte zahlreichen Architektenteams funktionell

Kindergarten der Gemeinde Wien 1190 Wien, Windhabergasse 4 Hilde Filas

Pensionistenwohnhaus Atzgersdorf
1230 Wien, Gatterederstraße 12
1974–76
Edith Lassmann

und gestalterisch anspruchsvolle Schulen (und Kindergärten) zu planen, die auch internationale Anerkennung fanden.

Die demografische Entwicklung Wiens lässt heute neben die Stadterweiterung die Stadterneuerung treten.

Seit Ende der 90er Jahre wird in zunehmendem Maße in Sanierungs- und Erneuerungskonzepte investiert. Dies geschieht einerseits durch Strukturverbesserungen in einzelnen Stadtquartieren – Schließen von Baulücken und Sanierungsprojekten mit Dachgeschoßausbauten, andererseits durch dringend erforderliche Sanierungsmaßnahmen im Bereich öffentlicher Gebäude, wie Schulen, Amtshäuser und Spitäler. Hier tritt die Stadt Wien als Bauherr auf. Zum Beispiel brachten die unter der Leitung von Ingrid I. Gumpinger in den Jahren 1994–99 vom Wiener Krankenanstaltenverbund ausgelobten Wettbewerbe und Gutachterverfahren neue Architektur- und Gestaltungsqualität in die Wiener Spitäler. Christa Prantl/Alexander Runser und Anja Fischer/Ernst Beneder sind hier stellvertretend für einen Kreis jüngerer Architektenteams mit den Revitalisie-

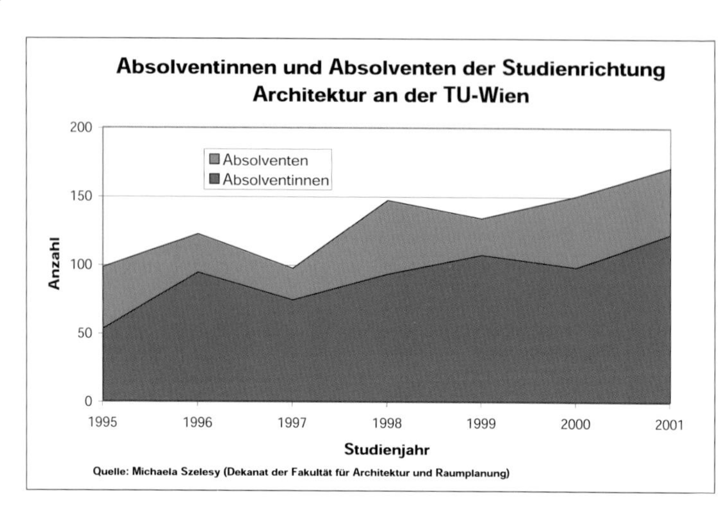
Absolventinnen und Absolventen der Studienrichtung Architektur an der TU-Wien
Absolventen
Absolventinnen
Anzahl
200
150
100
50
0
1995
1996
1997
1998
1999
2000
2001
Studienjahr
Quelle: Michaela Szelesy (Dekanat der Fakultät für Architektur und Raumplanung)

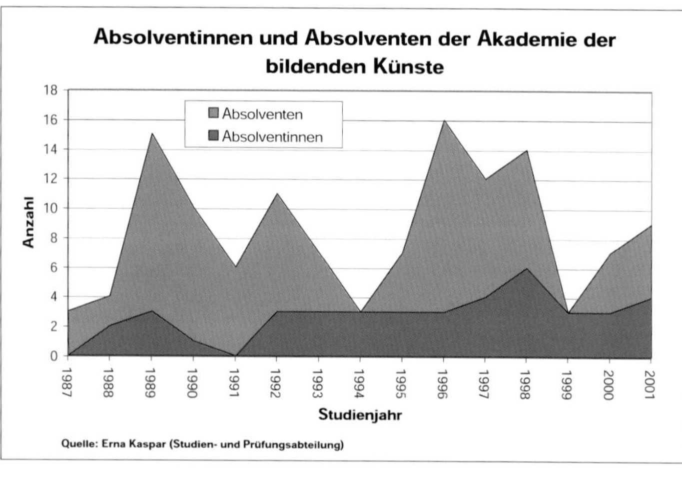
Absolventinnen und Absolventen der Akademie der bildenden Künste
Absolventen
Absolventinnen
Anzahl
18
16
14
12
10
8
6
4
2
0
1987
1988
1989
1990
1991
1992
1993
1994
1995
1996
1997
1998
1999
2000
2001
Studienjahr
Quelle: Erna Kaspar (Studien- und Prüfungsabteilung)

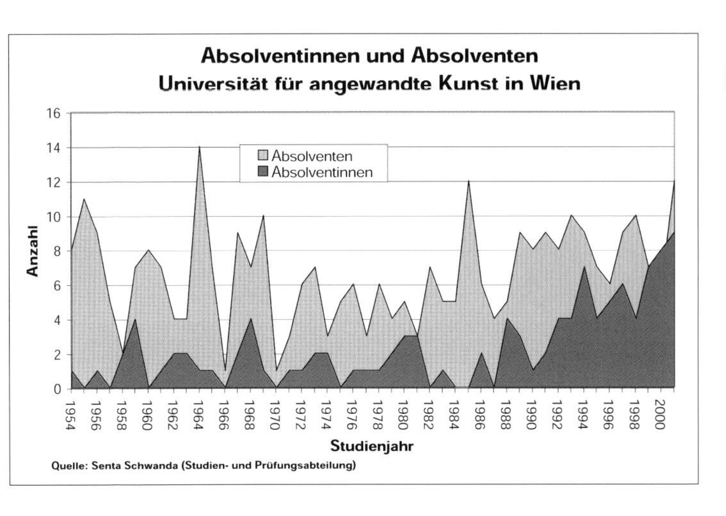

rungen und Umbauten der Pavillons im Otto-Wagner-Spital auf der Baumgartner Höhe zu nennen.

Erwähnenswert ist, dass auch für private Bauherren gute Architektur immer wichtiger wird. Das zeigt sich in interessanten Beispielen von Einfamilienhäusern, Zu- und Umbauten, Revitalisierungen und Dachgeschoßausbauten sowie einer Vielzahl von neuen Restaurants und Geschäftslokalen, denen in der Großstadt nicht nur architektonische, sondern auch gesellschaftspolitische Bedeutung zukommt.

In diesem Zusammenhang sind es heutzutage auch Projekte temporärer Architektur, wo oben erwähnte Gruppierungen von JungarchitektInnen neue Ideen verfolgen und es auch erlaubt ist, dass der künstlerische Aspekt des Projekts vor dem ewigen Nutzen steht.

Patricia Zacek

Quellen:

Frauen in der Technik von 1900–2000, Dr. Juliane Mikuletzky, Mag. Anita Zieher; Wien Architektur, Der Stand der Dinge III, Bd. 1 und Bd. 2; wien.at – „zur Geschichte des Frauenbüros"

Restaurant und Geschäft, Umbau und Einrichtung
Ines Bösch

Die Umplanung des „Wild“ stellt den ursprünglichen Zustand wieder her. Drei hohe, zweiflügelige Glastüren sorgen anstelle von Schaufenstern für Transparenz und ziehen hinein ins Reich gepflegter Genusskultur, das sich über drei Ebenen erstreckt. Zwei schwarze alte Eisenträger rahmen die freie Mitte, rechts führt eine gerade Treppe mit Glasbrüstung und schlankem Edelstahlhandlauf am Lift vorbei ins Mezzanin. Die Sessel mit Zirbenholzlehne, auberginefarbenen Sitzflächen und hellen Stuhlbeinen korrespondieren mit der gebauchten Bar aus Zirbenholz mit schwebender schwarzer Platte, atmosphärisch beschirmt von geschwungenen, hinterleuchteten Holzplatten. Der Gassenverkauf zu ebener Erde mit Sitzmöglichkeiten an klassischen Kaffeehaustischchen und die Vinothek im Kellergewölbe bilden eine interessante Balance zwischen regional und modern. *ek*

■

1010 Wien, Neuer Markt 10–11
2001–02

■ **Boutique „Madame Gigi Porges“** *1010 Wien, Weihburggasse 22, 1992* **Sylvia Fritz**
■ **Uhrenmuseum, Eingangsbereich, Neugestaltung** *1010 Wien, Schulhof 2, 1999–2000* **Renate Prewein, Markus Eiblmayr**

Altes Rathaus, Pass- und Meldeservice, Umbau

Jacqueline Kaufmann

Andre Kiskan

Die Erdgeschoßzone des Alten Rathauses wird Schritt um Schritt umgestaltet und in ein bürgernahes, dienstleistungsorientiertes Front Office verwandelt. Das Pass- und Meldeservice an der Wipplingerstraße zeugt von sensiblem Umgang mit historischer Substanz und setzt auf bewusst zurückhaltende Funktionalität. Weitab vom Flair früherer Amtsräume vermittelt diese moderne Servicestelle zwischen den Anforderungen des Denkmalschutzes und der barrierefreien Zugänglichkeit. Um die das Gewölbe tragende mittelalterliche Stütze wurde ein maßgeschneiderter ovaler Tisch mit fünf Computerarbeitsplätzen positioniert, der dem Raum unverwechselbare Identität und Dynamik verleiht. *im*

■

1010 Wien, Wipplingerstraße 8
2001–02

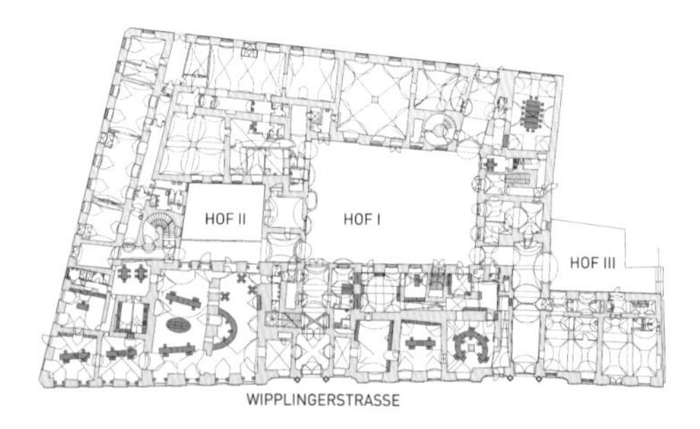

■ **Palais Erzherzog Johann, Dachgeschoßausbau** *1010 Wien, Neutorgasse 13, 1988* **Sylvia Fritz** ■ **Ausstellungsräume im Mozart-Sterbehaus, Adaptierung** *1010 Wien, Rauhensteingasse 8, 1990–91* **Franziska Ullmann**

Rathaus Wien
Textile Hofüberspannung, fahrbares Membrandach
Silja Tillner

Für diverse Veranstaltungen wurde im östlichen Teil des Haupthofes ein „verfahrbares" Membrandach errichtet. Dieses erstreckt sich auf einer Fläche von ca. 1000 m^2 und ist je nach Veranstaltung und Wetterlage öffen- und schließbar. Unter Berücksichtigung des historischen Bestands wurde eine Fachwerkträger-Konstruktion, die unter dem Dach Stützenfreiheit gewährleistet, gewählt. Fachwerkträger und Membrane fahren entlang von Schienen, die an den Längsseiten des Hofes montiert sind. Die Membrane, bestehend aus leicht transluzentem Polyestergewebe, behalten sowohl im geöffneten als auch gefalteten Zustand durch quer gespannte höher und tiefer liegende Grat- und Kehlseile ihre Form. Ausgefahren erhält das Dach eine dynamische Wellenbewegung, die dem gesamten Hof zeitgemäße Raumwirkung verleiht. *bk*

■

1010 Wien, Rathaus Friedrich-Schmidt-Platz 1
1999–2000

■ Ärarialgebäude, Renovierung und Umbau, Dachgeschoß, Aus- und Zubau, Portal der ehem. k. k. Hof- und Staatsdruckerei von Josef Hoffmann, Restaurierung ***1010 Wien, Seilerstätte 24, 2001–03*** **Christiane Feuerstein**

„Keck's Feine Kost", Geschäft und Restaurant
Franziska Ullmann

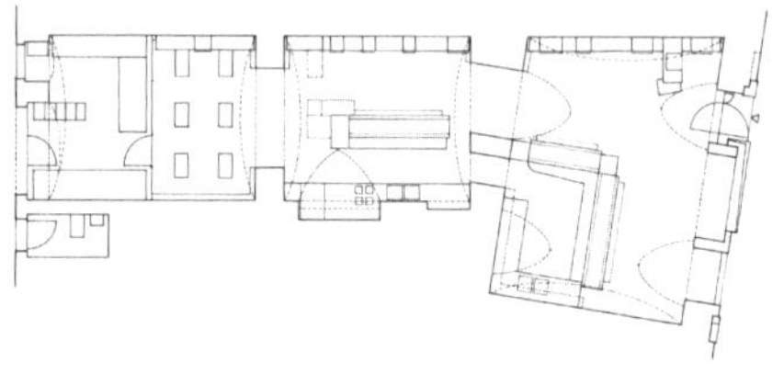

■

1010 Wien, Herrengasse 15
1997

Mittags drängt sich die Innenstadt-Büroklientel an Stehtischen im hinteren Lokalbereich, abends verlagert sich das Geschehen vor die mattierte Glaswand, die Lager von Geschäft trennt. Umrahmt von Weinregalen ist hier eine kleine Vinothek entstanden. Durch Verlegung des Eingangs wurde der L-förmige, langgestreckte, überwölbte Raum über die ganze Tiefe bespielbar und in Zonen unterteilt. Das neue Schaufenster ragt, in einen Metallrahmen gefasst, schräg aus der Fassade, leitet ins Lokal. Nun ist genug Raum für Sitzplätze am Fenster vor der ersten Vitrine, deren Knick selektierende Kunden in die Tiefe lenkt. Rechts bilden Lagerboxen aus Ahornholz an der Wand ein ruhiges Rückgrat, links reihen sich die farbig akzentuierten Zonen aneinander. Die elegant funktionelle Nirosta-Küchenzeile nutzt eine Wandnische. Zwei Wandpfeiler leiten zu Stehtischen und Vinothek. *im*

■ **„K 47", Büro- und Geschäftshaus** ***1010 Wien, Franz-Josefs-Kai 47, 2001–03*** **Marta Schreieck, Dieter Henke**

Wohn- und Geschäftshaus mit Restaurant und Dachbodenausbau, Generalsanierung
Monika Putz

Nachtschwärmern im Herzen der Wiener Altstadt ist dieses Haus geläufig: Die im Erdgeschoß angesiedelte „KIX-Bar" erfreut sich schon lange großer Beliebtheit und zieht mit ihrer Farbgestaltung und dem klaren Raumkonzept nicht nur Cocktail-Liebhaber an. Doch neben diesem Lokal, das gemeinsam mit dem Maler Oskar Putz entstand, wurden das gesamte unter Denkmalschutz stehende Gebäude generalsaniert und die verwertbaren Flächen im Dachgeschoß ausgebaut. Der Innenhof wurde mit einem Glasdach geschlossen und mit den Kellergewölben über eine Stiege verbunden, um so die Räume der Bar zusammenzufassen. In dem über die Stiege zugänglichen Lichthof wurden der Aufzug und Ver- und Entsorgungsleitungen untergebracht. Unter Beibehaltung der Dachform entstanden im Dachgeschoß zwei großzügig angeordnete Wohnungen mit Terrassen. *bk*

■
1010 Wien, Bäckerstraße 5
1990–92

■ **Amtshaus Foyer/Infopoint mit Lifteinbau** *1010 Wien, Schottenring 22–24, 2000–02* **Patricia Zacek** ■ **Palais Harrach, Gestaltung Eingangszone und Garderobe** *1010 Wien, Freyung 3, 1996* **Patricia Zacek**

Atelier Augarten, Zentrum für Zeitgenössische Kunst der Österreichischen Galerie Belvedere
Susanne Zottl

Am südöstlichen Parkrand liegt das unter Denkmalschutz stehende, von Georg Lippert für den Bildhauer Gustinus Ambrosi entworfene Atelier. Mit umsichtig gesetzten Eingriffen löste Zottl den Komplex aus seiner Isolation, ohne den Charakter des Ensembles zu zerstören. Trichterförmig, mit elegant in die Wand integrierter Sitzbank öffnet sich die Augartenmauer zum Vorplatz des heutigen Museums. Ein Glaselement mit Flugdach ragt aus dem bestehenden Eingang und setzt sich in der Lobby fort. Die tänzerische Anordnung der Stützen lässt an Stand- und Spielbein denken, die Gestaltung des Glasbaukörpers nimmt subtil das Thema Skulptur auf. Nach demselben Prinzip wurde der Eingangsbereich ins Café als elegante Nur-Glas-Wintergarten-Variation mit Bar entworfen. Vom wechselnden Bodenbelag bis hin zur Sanierung der alten Atelierfenster, deren zarte Profile erhalten bleiben, besticht das Atelier Augarten durch transparent-fließende Übergänge zwischen Natur und Innenraum, Alt und Neu. *im*

■

1020 Wien, Scherzergasse 1a
1998–2001

Wohnhaus

Anna Popelka

Georg Poduschka

Im Zuge der Sanierung eines denkmalgeschützten Biedermeierhauses bot sich im Hinterhof Gelegenheit zur Verdichtung. Der neue Baukörper bildet den Abschluss der Feuermauer des benachbarten Hoftraktes. An der Fassade des Hauses sind die Grundrisse und Schnitte der Wohnungen deutlich ablesbar. Die Verzahnung der langgestreckten Grundrisse wird außen durch die Mäanderstruktur von Massivwänden und holzgerahmten Fensterbändern deutlich. In gewisser Weise wirkt der Baukörper wie ein abstrahiertes räumliches Modell der kammförmigen Großform der benachbarten Bebauung. Durch das Verzahnen ergeben sich in den Wohnungen unterschiedliche Raumhöhen. Die Balkone und der außenliegende Zugang auf die Dachterrasse bilden als äußerster Layer eine Schnittstelle zwischen Privatbereich und halböffentlichem Hof. *fl*

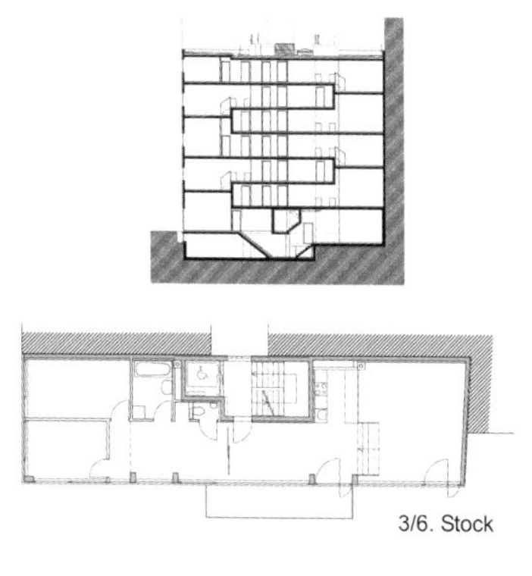

1020 Wien, Praterstraße 56–58
1995–98

Wiener Hafen, Speditionsgebäude, Zu- und Umbau

Gabriele Hochholdinger

Franz Knauer

Präsenter als das Wasser sind im Wiener Hafen Lkws, Bahn, Straße und Containerumschlagplätze. Der gesamte Hafen ist als Verkehrsband gewidmet, das unruhige Erscheinungsbild wird von Infrastruktureinrichtungen und Restflächen bestimmt. In diesem disparaten Gebiet, seit geraumer Zeit durch Umbauten und Erweiterungen gekennzeichnet, wurden verschiedene ordnende und erneuernde Maßnahmen gesetzt, vor allem im Bereich der Sicherheits- und Haustechnik. Durch einen elegant zurückhaltenden Zubau zu einem Bürohaus der Zollabteilung wurde der Haupteingang neu strukturiert. Es wurde ein zentraler Mehrzweckraum geschaffen, dessen Vorplatz mit Wasser, Pflanzen und Licht bespielt wird. In bestehende Lagerhallen wurden Büroräume eingebaut, auf dem Dach eine firmeninterne Freifläche geschaffen. *ek*

■

1020 Wien,
Freudenauer Hafenstraße 20–22
2001–02

Tennisklubhaus mit Café, Sauna

Manuela Haselau

Peter Plattner

Seit den 50er Jahren war an dem bestehenden Sportensemble mit seinen schlichten Umkleiden provisorisch hinzugebaut und das Gelände zunehmend mit gesichtslosen Kleineinrichtungen verhüttelt worden. Das neue Klubgebäude markiert den Eingang ins Sportgelände des ASKÖ und der Pensionsversicherung der Angestellten und setzt einen urbanen Schwerpunkt. Die verschiedenen, über die Jahre angewachsenen Einrichtungen wurden abgerissen und alle Funktionen, wie Caféteria, Klubraum, Umkleiden, Sauna und Buffet in das neue Gebäude integriert. Das Tennisklubgebäude mit seinem weit auskragenden Dach und der mit Feinsteinzeug bekleideten Fassade, durchgängig im Raster 1:22,5 geplant, liefert eine zeitgenössische Interpretation der im Prater befindlichen Freizeitarchitekturen des beginnenden 20. Jahrhunderts. *ek*

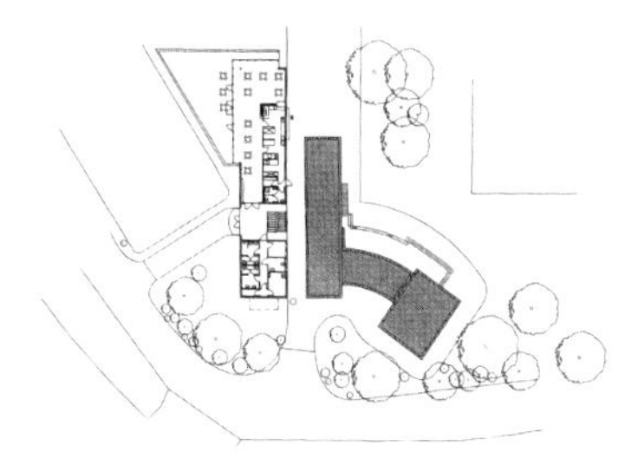

■

1020 Wien, Spenadelwiese, Prater,
ASKÖ-Sportgelände
2001

Tribüne Krieau
Liane Liszt

■

1020 Wien, Nordportalstraße 247
1997–99

Die drei Tribünen wurden 1912 von Otto Wagner und Schülern als erste offene Eisenbetontribüne Österreichs geplant. Der Umbau mit dem Ziel, die Haupttribüne ganzjährig zu nutzen, musste die Struktur erhalten und den hohen Auflagen des Denkmalschutzes gerecht werden. Liszt antwortete darauf mit sanften, zeitgemäßen Eingriffen: Die untere Etage wurde renoviert, die obere durch eine schräg gestellte, punktgehaltene Verglasung geschlossen und eine Zwischenetage in zwei Ebenen geteilt. So ergaben sich mehr und exklusivere Räumlichkeiten für VIP-Zonen. Die rahmenlose Verglasung schützt vor jedem Wetter und lässt freie Sicht auf die Rennbahn. Diese dezenten Eingriffe ließen die historische Eisenbetonkonstruktion unangetastet und geben keine architektonischen Auflagen für die Renovierung der beiden anderen Tribünen. *bk*

Palais Fanto, Arnold-Schönberg-Center
Elsa Prochazka

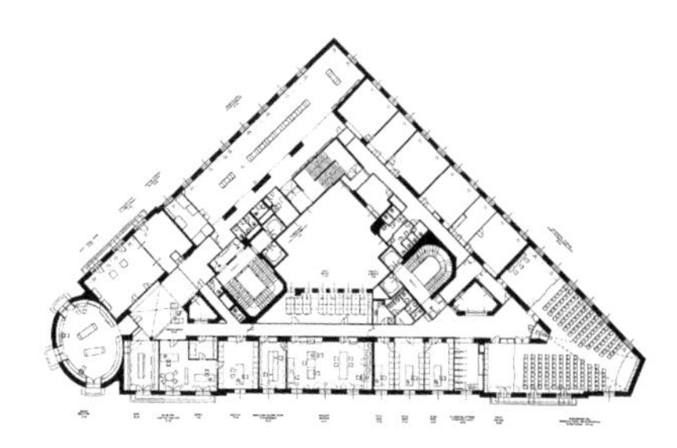

Die dreiseitige Grundrissformation des neoklassizistischen Palais Fanto gibt den Rahmen für das neue Arnold-Schönberg-Center vor. Sehr klug belegte Elsa Prochazka die verschiedenen Flügel mit den geforderten vielfältigen Nutzungen. Die markante, repräsentative Raumfiguration des Ovals am Eck wurde zur lichtdurchfluteten Bibliothek, vom Lesetisch genießt man den Blick auf den Schwarzenbergplatz, in den geschwungenen Regalen an der Wand mit Leiter und Ablagebord paaren sich Funktion und Eleganz. Diese Haltung durchzieht die gesamte Planung von Empfangspult und Schließfach im Foyer über die reduzierte Geometrie der gläsernen Ausstellungsvitrinen, bis hin zur klaren, konsequenten Büroeinrichtung aus Halbfertigfabrikaten. Der gezielte Einsatz von Farben wirkt subtil als Leitsystem. Extern über die Nebenstiege begehbar, kann sich im trapezförmigen, zweiflügeligen anderen Gebäudeeck das Konzertleben entfalten: silbern plastisch gefaltete Wandpaneele lösen akustische Probleme und schaffen Atmosphäre. *im*

■

1030 Wien, Schwarzenbergplatz 6
1996–98

■ **Kindermodengeschäft „Flojo"** *1030 Wien, Ungargasse/Neulinggasse 15, 1998* **Ingrid Isabella Gumpinger** ■ **Arena, Veranstaltungszentrum** *1030 Wien, Baumgasse 80, 1995–2004* **Susanne Höhndorf, Martina Schöberl RATAPLAN**

Teehaus „High Tea", Restaurant, Wintergarten, Umbau, Einrichtung
Gisela Podreka

Die Vielfalt an Sitzmöglichkeiten und Tischhöhen im „High Tea" ist kaum zu übertreffen: klassische Fauteuils in britischer Landhaustradition, gepolsterte Hocker unter runden, reduzierten Leuchten, die „Ameise" von Jacobsen, Holztische aus alten Teekisten – dies alles im reizvollen Kontrast zu kühlem, modernen Design, sorgfältiger Lichtführung und einer großzügig frei gehaltenen Raummitte. Als subtile Orientierungshilfe leitet die Sammlung historischer Teedosen und Accessoires des Bauherrn im zurückhaltend bestückten, hinterleuchteten Glasregal ins Innere. Zur Linken reihen sich Geschäft, Küche und ein raumbildendes Möbel mit integrierter Speisenvitrine und die Lokalbereiche aneinander. In beiläufiger Selbstverständlichkeit folgen die Sinne der Logik. Unaufdringlich setzte Podreka mit Licht, Material und Farbe die Raumfolge in Szene, schuf damit genau die Atmosphäre, die Kaufen, Auswählen und Genießen brauchen. *im*

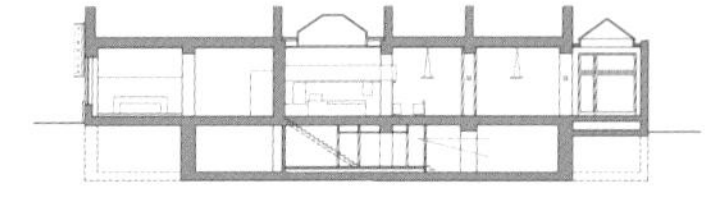

■
1040 Wien,
Paniglgasse 17
2000–01

Wohn- und Geschäftshaus
Cornelia Schindler
Rudolf Szedenik

Inmitten von stark frequentierten Straßenzügen entstanden auf 13 Geschoßen 87 Wohnungen. Das Anliegen nach Kommunikation wird durch die Erschließung und die zweigeschoßige Halle mit vorgelagerter Loggia erfüllt. In dieser Halle befindet sich der „Global Point", der Service- und Kommunikationszentrum, Concierge Service, Business Point, Schulungsraum, Infocenter und Marketplace beherbergt. In zwei Sockelgeschoßen sind Supermarkt und Büros untergebracht. Besonderes Augenmerk legte Schindler an diesem Ort auf die Grünraumgestaltung: Neben dem angelegten Hof findet sich im neunten Geschoß ein begrüntes Dach, das sich fast über das ganze Gebäude erstreckt. Durch seine differenzierte Gestaltung erlaubt es laute oder leise Aktivitäten, gemeinsame oder alleinige Nutzung. Und man genießt von hier einen fantastischen Ausblick über ganz Wien. *bk*

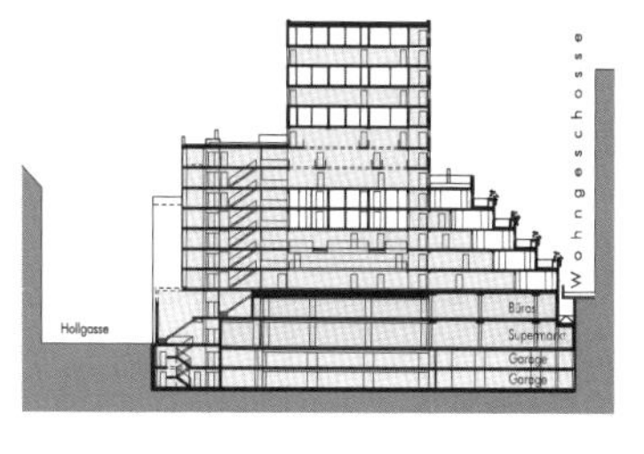

■

1050 Wien,
Wiedner Hauptstraße 133–136
1999–2003

■ **Zahnarzt-Praxis Dr. Salem** *1050 Wien, Zentagasse 40–42, 1997–98* **Gabriele Hochholdinger, Franz Knauer**

vienna paint

Susanne Höhndorf/Martina Schöberl

RATAPLAN

Eine Manufaktur im Hinterhof eines Biedermeier-Ensembles wurde in mehreren Etappen für ein Bildbearbeitungsstudio adaptiert. Schon im Hof deutet sich mit Beton- und Kiesstreifen eine wohlgesetzte Materialfolge an, die innen über eine stählerne Antrittsplattform und Betonstufen in Holzböden übergeht. Der Fußboden wurde mit Abstand vom unregelmäßigen alten Mauerwerk verlegt, von metallenen Kabelkanälen gesäumt und der Randstreifen mit Kies gefüllt. Die Zwischenwände bestehen aus mit Glas, Schieferplatten oder beidseitig bedienbaren Regalwänden ausgefachten T-Profilen. Preiswerte Materialien wie Sperrholz, Profilitglas oder dämpfender Recyclingfilz auf der einen Seite, punktueller Luxus wie die kapselförmige Edelstahl-Sanitäreinheit auf der anderen; Großzügigkeit und Atmosphäre dominieren jedoch die pure Funktionalität. *fl*

■

1060 Wien, Sandwirtgasse 11

1997–98

■ **EGA, Frauen im Zentrum** *1060 Wien, Windmühlgasse 26, 2002* **Barbara Imhof, Sandrine von Klot, Birgit Trenkwalder** ■ **Eckwohnhaus** *1060 Wien, Linke Wienzeile 96/ Esterhazygasse 4/4a, 1991–95* **Margarethe Cufer**

MuseumsQuartier, Electric Avenue, Quartier 21, Einbauten

Anna Popelka

Georg Poduschka

In Form eines mäanderförmigen Zopfes tänzelt die „Electric Avenue" durch das barocke Tonnengewölbe Fischer von Erlachs. Immer auf Rhythmus der bestehenden Nischen und Fenster reagierend, antwortet dieses „Großmöbel" auf den Bestand. Mit diesem Entwurfsgedanken respektiert Popelka die Forderung des Denkmalamts, Distanz zum historischen Gemäuer einzuhalten. Dieses „Implantat" ist partiell verglast, die verschiedenen Einheiten für Schallplattengeschäft, Studio, Veranstaltungs- und Büroflächen sind flexibel nutzbar. Im Erdgeschoß überwiegen Ausstellungsflächen und Läden; Büros sind auf der Galerie untergebracht. Als eine durchgängige Flaniermeile gedacht, auf welcher der Passant zum Akteur, der Spaziergänger zum Kulturkonsumenten wird, eröffnet die „Electric Avenue" den Durchgang in der gesamten Längsachse. *bk*

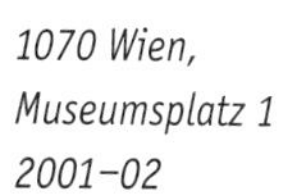

1070 Wien,
Museumsplatz 1
2001–02

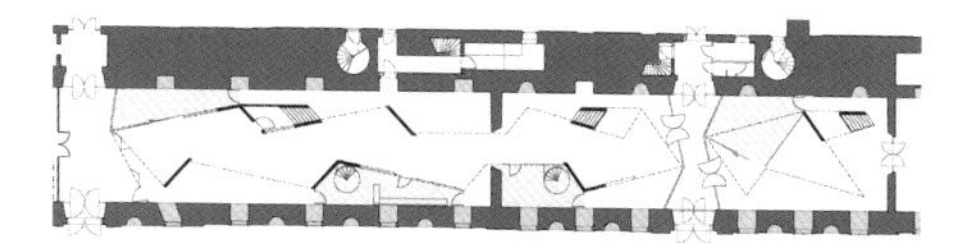

■ **Kindermuseum ZOOM, Umbau und Innenraumgestaltung** *1070 Wien, Museumsplatz 1, MuseumsQuartier, 2001* **Evelyn Rudnicki pool Architektur**

Überspannung Urban-Loritz-Platz, Glasfassaden für Stadtbahnbögen
Silja Tillner

Die Interventionen am Wiener Westgürtel (eine der wichtigsten Verkehrsstraßen) und die Gestaltung des Urban-Loritz-Platzes haben in den letzten Jahren wesentliche Akzente in einer Gegend gesetzt, die durch Devastierung und Verslumung gekennzeichnet war. Das EU-geförderte URBION-Projekt (Urban Intervention Gürtel West) war nicht nur Stadterneuerung, Wirtschaftsförderung und Architekturexperiment – es war auch ein Beitrag zur Wiederbelebung der historischen Qualität der Stadtbahnanlage. Die Intensität der Stadt ist dort am größten, wo Verkehr, Kommunikation und Kommerz aufeinander treffen – wertfrei betrachtet als Überlagerung synergetischer Aktivitäten: Die Stadtbahnbögen mit den neuen, gut designten Lokalen und Geschäften tragen zur Kommunikation bei. An eine besonders wichtige Verkehrskreuzung, dem Urban-Loritz-Platz, wurde durch eine großartige Zeltdachkonstruktion (Statik Stahlbau und Membran: Prof. Schlaich, Bergmann & Partner, Stuttgart) nicht nur der ehemals triste Platz revitalisiert und als wettergeschützter Wartebereich aufgewertet, die Membrandachkonstruktion bildet jetzt auch eine sinnvolle Anbindung an die neue Bibliothek der Stadt Wien von Architekt Ernst Mayr. *as*

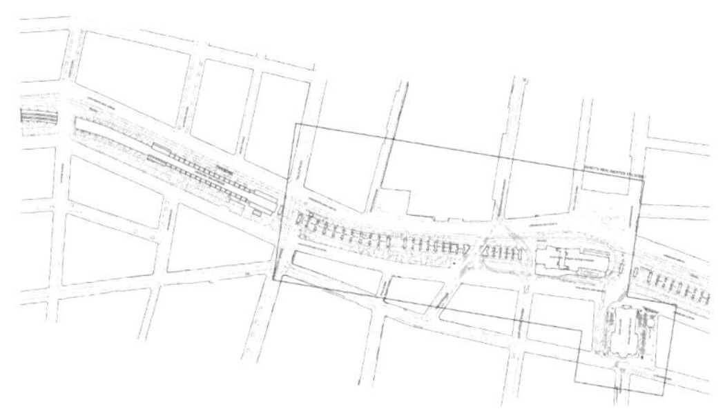

1070 Wien, Urban-Loritz-Platz,
Stadtbahnbögen Westgürtel
1996–2001

■ Musikinformationszentrum Austria, MICA *1070 Wien, Stiftgasse 29, 1996–97* Susanne Höhndorf/Martina Schöberl RATAPLAN

Wohn- und Bürohaus
Elke Delugan-Meissl
Roman Delugan

In einer Baulücke zwischen Gründerzeithäusern wurde die in der Gegend häufige Koppelung von Wohnhäusern entlang der Straße mit Arbeitsstätten im Hoftrakt neu interpretiert. Den Wohnungen ist eine verglaste Loggienzone mit teils geschoßübergreifenden Lufträumen vorgelagert. Als Sichtschutz erstreckt sich ein von Herwig Kempinger konzipiertes Astwerk-Muster als Siebdruck auf Glas über die gesamte Front. Ein weitläufiges Foyer – mit einem Torobjekt und einer Fotoarbeit von Leo Zogmayer – sorgt für ein repräsentatives Entree. Im Hof schließt eine niedrigere Bürobebauung aus gegeneinander ansteigenden Zungen mit gefalteten, begrünten Dächern an. Die ein- bis zweigeschoßigen Büros mit teils unterschiedlichen Raumhöhen fügen sich zu einer interessanten Struktur von Plateaus, Hängen und Schluchten. *fl*

■
1070 Wien, Wimbergergasse 14–16
1999–2001
Kunst: Herwig Kempinger, Leo Zogmayer

■ **Veranstaltungslokal 7Stern** ***1070 Wien, Siebensterngasse 31, 1996–98*** **Ulrike Lambert sglw architekten**

Loop Bar, Innenraumgestaltung

Martina Grabensteiner

Norbert Grabensteiner

Zu beiden Gürtelseiten voll verglast liegt das „Loop“ am Beginn- oder Endpunkt jeder Runde an der Hochfrequenz-Lokalmeile. Links eine Holzwand, elegante Schienen, zwei leichtgängige Schiebetüren zu den Toiletten. In der Mitte die Küche, hier dockt die Bar als mondän schillerndes Möbel an, gibt der DJ mit dem „loop“ den musikalischen Kick. Ein zartes Flaschengestell hängt an Seilen von der Decke, darüber schwebt ein Neonloop. Rechts zwei erhöhte Sitznischen mit schwarzen Kunstlederfauteuils und „spacigem“ Tisch, dezent sind Garderobe und Ablage im Durchgang zum zweiten Bogen integriert. Roter Estrich am Boden, helle Bugholztische, leichte Sessel, eine rote, fast raumbreite Bank. Ihre Lehne markiert das Podest dahinter, wo beim Sitzen dicht unterm Gewölbe der „loop“ still ausschwingt. *im*

1080 Wien,
Gürtelbögen 24 und 25
1999–2000

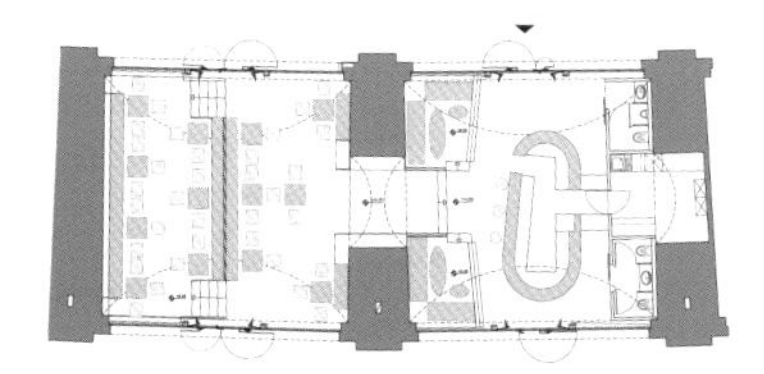

Restaurant „Kiang II“
Silvia Fracaro

Dieses Lokal leitet in Wien eine neue Gastronomie-Ära ein: Die „Edel-Beisln“ mit ihrer gehobenen Küche werden abgelöst von Restaurants, bei denen die „gute“ asiatische Küche einzieht und der Faktor Innenarchitektur und Design einen hohen Stellenwert einnimmt. Schon von der Straße her eröffnen sich für den Passanten durch die hohen Fenster Einblicke in das Restaurant. Folgt man seiner Neugierde, so gelangt man über den seitlich versetzten Eingang zur Bar, deren Drehung dem Raum mehr Tiefe zu geben scheint. Um Bar und Mittelmauer werden die Raumabschnitte festgesetzt. Signalfarben, ein Mix aus edlen und billigen Materialien sowie eine präzise Lichtführung kennzeichnen die Atmosphäre. Die Wand ist mit einer durchgehenden Sitzbank ausgestattet – eine Novität, die sich später in vielen Lokalen wiederfindet. *ek*

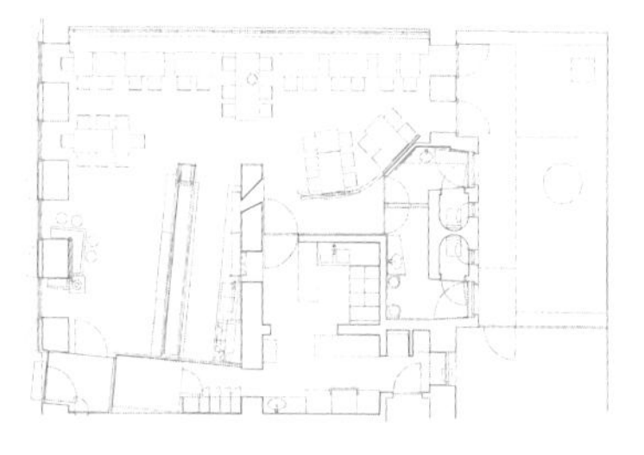

1080 Wien, Lederergasse 14
1991

Werkstätten- und Kulturhaus – WUK
Revitalisierung mit Zu- und Umbauten
Eleonore Kleindienst

In der Gründerzeit als Lokomotivfabrik errichtet, durchweht heute der frische Atem alternativer Kultur das Industriegebäude mit seiner roten Klinkerfassade und den turmartig formulierten Ecken. Beisl, Theater, Kindergarten, Galerie und Kunsthalle sowie 140 andere Initiativgruppen bevölkern den Gebäudekomplex mit dem efeuumrankten Innenhof. Die Sanierung entspricht dem Industriebau: ablesbar und selbstverständlich setzt sich die neue Technologie und Infrastruktur in den Bestand, belässt ihm jene Offenheit, die lebendige Veränderung und verschiedenste Nutzungen zulässt. Die Revitalisierung erfolgte etappenweise, arbeitslose Jugendliche beteiligten sich am Innenausbau. Die originalen Gusseisenkonstruktionen, zarten Wendeltreppen, Wartungsgänge, Rauchfänge blieben erhalten. Eine aufwändige Stahlkonstruktion ermöglichte es, den großen Saal als multifunktionalen Raum mit von der Decke abgehängtem Ton- und Lichtrost, strapazierbarem Asphaltestrich und variablen Sitztribünen stützenfrei zu halten. *im*

■

1090 Wien, Währinger Straße 59
1996–98

■ **Studentenheim** ***1090 Wien, Säulengasse 18, 1998–99*** **Regina Pizzini**

Wohnhausanlage Frauen Werk Stadt II

Christine Zwingl

Walter Ifsits, Hanno Ganahl, Werner Larch

1100 Wien,
Troststraße 73–75
2000–04

Das Mehrgenerationenhaus setzt durch die Anordnung der Bauköper und die reduzierte Bebauungsdichte auf Offenheit. Den Bedürfnissen von Senioren, Frauen, Kindern und Jugendlichen tragen großzügige Gemeinschafts- und Wohnungsergänzungseinrichtungen sowie kollektiv nutzbare Erschließungszonen Rechnung. Die vielfältigen Wohnungstypen und -größen sollen durch das Angebot flexibler Nutzungen das Zusammenleben unterschiedlicher Generationen getrennt und doch miteinander ermöglichen. Von den 98 Wohnungen sind 42 für Senioren und fünf Einheiten für Menschen mit Behinderung. Im gemeinsam genutzten Hof sind Kinder- und Jugendzonen definiert, um „Generationenkonflikte" zu vermeiden. *ek*

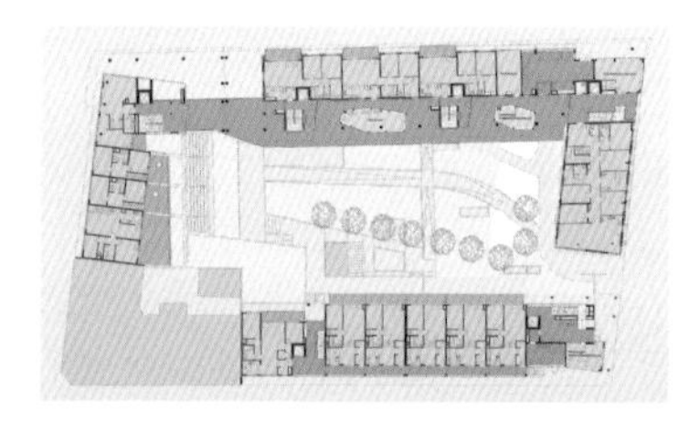

Wohnanlage
Bettina Götz
Richard Manahl

Um Durchlässigkeit und Belichtung zu fördern, wurden statt einer Blockrandbebauung vier schlanke Scheiben mit freien Erdgeschoßen parallel angeordnet. Bis auf den vordersten, über Laubengänge erschlossenen Riegel sind sie U-förmig ausgebildet und umgeben einen glasgedeckten Erschließungskern. Die Fluchten der Gänge, Brücken, Treppen und Lifttürme fügen sich zu einem beeindruckenden Innen-Außenraum. Im rechten Winkel dazu bilden zwei dreigeschoßige Balken eine verbindende Klammer. Ungewöhnlich viel privaten Freiraum bieten Loggien und Terrassen sowie die nutzbaren Dächer der Querbalken. Doppelte Raumhöhen werten benachteiligt gelegene Wohnungen auf. Einige Einheiten verfügen über einen zweiten Zugang, um Wohnen und Arbeiten zu trennen. Signifikant ist die Hülle aus fein ziselierten Metallfassaden und gelochten Betonbrüstungen. *fl*

■
1100 Wien,
Laxenburgerstraße/Dieselgasse
1998–2002

Kindergarten der Stadt Wien

Laura P. Spinadel

BUSarchitektur

Claudio J. Blazica

■

1100 Wien,

Gudrunstraße 163a/Erlachplatz

1999

BUSarchitektur hat im Auftrag der Stadt Wien in langjähriger Planungsarbeit ein fünfgruppiges Kindertagesheim errichtet, das für die kleinen Benutzer einen aufregenden Kosmos darstellt. Der Ansatz: Die Suche nach einer Harmonie der Kinder mit ihrer Umwelt baut auf die Erkennung ihrer Rechte – das „Recht auf Blick" durch die Wechselwirkungen zwischen eigenem Gruppenraum (mein Zuhause) und der künstlich gestalteten Landschaft (meine Stadt), das „Recht auf Licht" durch die Position der Körper nach Süden (Vormittagssonne) in den Gruppenräumen und Südwest (Nachmittagssonne) in der Hortgruppe. Es ist eine besonders erfreuliche Architektur deshalb, weil durch eine konsequente Differenzierung der Einzelteile, Funktionen, Materialien und Maßstäbe eine fast didaktische Tour d'architecture entsteht. Fensterformate, Farben und Materialien erzeugen sinnliches Architekturerlebnis mit großer räumlicher Vielfalt. Vielfältig auch das Angebot im Freien: das Holzhaus in den Baumkronen, die Terrassen mit Lärchenholzrost und der Spielplatz auf dem Dach. BUS-Architektur spricht von einer Aneignung des eigenen Hauses, vom Flanieren in der Natur, von der Interaktion, den Alltag kreativ zu gestalten: erste Aufregungen, beobachten, entdecken, Wirklichkeiten aus unterschiedlichen Blickpunkten sehen – Kind sein eben. *as*

Volkshochschule, Um- und Zubau
Brigitte Ottel

Auf einem Luftschutzbunker aus dem Zweiten Weltkrieg war Anfang der 60er Jahre die Volkshochschule Favoriten errichtet worden. Anfang der 90er Jahre platzte dieser zweigeschoßige Stahlbetonskelettbau bereits aus allen Nähten und entsprach nicht den Kriterien eines barrierefreien Zugangs für ältere Menschen, Gehbehinderte oder Rollstuhlfahrer. Um den gesteigerten HörerInnenzahlen Rechnung zu tragen – jährlich verzeichnet man einen Zuwachs von rund 20% –, wurde neben Sanierung und behindertengerechtem Umbau auch eine Erweiterung geplant. Man entschied sich für eine Aufstockung um zwei Geschoße. So konnte der Park, an dessen Rand die Volkshochschule liegt, zur Gänze erhalten werden. Dieser Zubau orientiert sich in Gliederung und Formensprache am Bestand und fügt sich so harmonisch an das bestehende Gebäude an. *ek*

■

1100 Wien, Arthaberplatz 18
1993–95

Coca-Cola-Beverages, Umbau, Neubau, Fassade, Büroeinrichtung
Elsa Prochazka

Eine neue Landmark charakterisiert die Wiener Südeinfahrt: Coca-Cola-Beverages. Die computergenerierte Aluminiumhaut der markanten Fassade setzt nicht nur ein starkes städtebauliches Zeichen, sie ist vor allem eine intelligente funktionale Lösung für die Anforderungen zeitgenössischer Büroarbeit in revitalisierten Strukturen. Für den Umbau wurde die Substanz bis auf Stützpfeiler und Deckenplatten abgetragen. Computerarbeitsplätze erfordern vom Tageslicht abgeschirmte Raumverhältnisse, die bestehende Struktur legte innere Offenheit und Durchlässigkeit nahe, die erhalten bleiben sollte. Für diese komplexe Situation entwickelte Prochazka eine lebhaft gegliederte Lochfassade aus Aluminiumpaneelen, die das Haus nach innen wie nach außen dynamisch rhythmisiert. Der Bau wurde im Jahr 2000 mit dem Aluminium Architektur-Preis ausgezeichnet. *ek*

■

1100 Wien, Triesterstraße 91
1998–2000

■ **Konferenzzentrum Vienna Twin Tower** *1100 Wien, Wienerbergstraße 11, 2001* **Ulrike Lambert sglw architekten**

Wohnbau „city x"
Margarethe Cufer

Der Entwurf von Margarethe Cufer für die Parzelle Ecke Katharinengasse/Favoritenstraße ging 1998 als Siegerprojekt eines Bauträgerwettbewerbs hervor. Die Wohnanlage setzt trotz der gegebenen Dichte durch die Verbindung zwischen den Höfen und unterschiedliche Nutzungen in der Erdgeschoßzone auf Offenheit und sucht die Beziehungen zwischen Innen und Außen zu verstärken. Im Erdgeschoß befinden sich Elternberatungsstelle, Tagesmutterzentrum, Indoor-Kinderspielplatz sowie Lokal- und Geschäftsflächen. Die innere Organisation der Wohnungen orientiert sich sowohl an den Freiräumen als auch an der Sonneneinstrahlung. Differenzierte Gliederung und Materialeinsatz in der Fassadengestaltung bringen Leichtigkeit in die erheblichen Massen der Anlage. *ek*

■

1100 Wien,
Favoritenstraße 213/Katharinengasse 16
1999–2003

Wohnhaus
Elke Delugan-Meissl
Roman Delugan

Die Wohnbaugenossenschaft „Neues Leben" ist immer wieder bereit, mit engagierten ArchitektInnen neue Wege zu beschreiten. Die Erschließung des Wohngebäudes erfolgt an seiner Südostseite über ein großzügiges Foyer. Zentrales Element jeder Wohnung ist die raumhoch verglaste Loggia, die eine Blickbeziehung zwischen einzelnen Räumen herstellt. Es entsteht ein Wechsel zwischen eher introvertierten und exponierteren Wohnbereichen. Lage und Größe der Loggien in der Fassade ergeben sich aus geschoßweise völlig unterschiedlichen Grundrissen. Optisch präsentiert sich das Gebäude mit seinen 22 Wohnungen als monolithischer, mattschwarzer Baukörper, dessen perforiertes Flugdach einen dynamischen Abschluss des Dachgeschoßes bildet. Die gemeinschaftlich nutzbare Dachfläche und der Saunabereich mit Terrasse stellen eine besondere architektonische Qualität dar. Das Haus ist mit einer fotovoltaischen 5kWh-Kompaktanlage, Einzelwasserzähler, Fernwärme sowie hohem Schall- und Wärmeschutz (Niedrigenergiehaus) ausgestattet. *as*

■

1100 Wien, Paltramplatz 7
2001–02

Wohnhaus Patricia Zacek

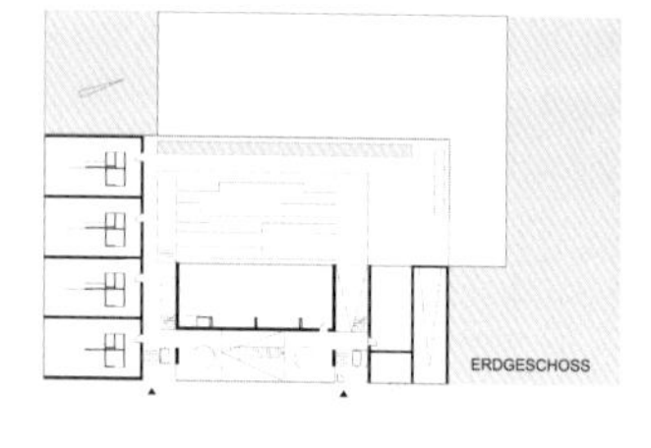

Mit einem großzügigen Einschnitt zum Innenhof öffnet sich die Anlage ins dicht verbaute städtische Umfeld und setzt so auf Verknüpfung und Durchlässigkeit. Diese Verknüpfung setzt sich zwischen Hofsituation und Wohngebäude fort. Eine umlaufende Terrasse mit Wasserbecken, Sitzstufen und Spielfläche verlängert das Wohnen in den Außenraum und schafft so Kommunikationszonen. Das Wohnungsangebot ist für Familien wie für Singles konzipiert. Die Familienwohnungen sind ost-west-orientiert und haben großzügige Loggien. 2-Zimmer-Wohnungen öffnen sich nach Süden. Die Sonnensegel über den raumhohen Glasfassaden bewirken ein rhythmisches Schattenspiel an der Außenfassade. Die Grundrisstypologie für alle Wohnungen setzt auf Bewegungsspielräume. *ek*

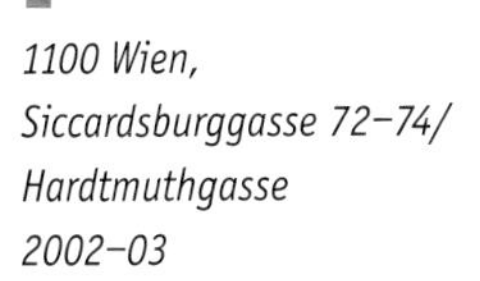

1100 Wien,
Siccardsburggasse 72–74/
Hardtmuthgasse
2002–03

Wohnbauten

Laura P. Spinadel

BUSarchitektur

Claudio J. Blazica

Südlich der Parkanlage entstand am Rosa-Jochmann-Ring in Abänderung des Bebauungskonzepts aus den 70er Jahren unter der Koordination der Werkstatt Wien eine differenzierte Bebauung mit öffentlichen Durchgängen und einzelnen Solitärbaukörpern, mit Wohnbauten von Spiegelfeld/Holnsteiner, Janowetz/Wagner, Heidecker/Neuhauser/Zwingl, Sarnitz und BUS-Architektur. Im städtebaulichen Zusammenhang vermitteln die Wohnhäuser von Spinadel, Blazica und Lalics (Bauklasse I) zwischen dem dichten, städtischen Gefüge der Planung Leberberg und der südlich gelegenen Gartenhaussiedlung. Der Maßstabssprung war die große städtebauliche Herausforderung, das Thema Wohnen an der Straße die architektonische. Die ArchitektInnen reagierten mit einem hybriden Typus: fünf zweigeschoßige Reihenhäuser, die von der Straße direkt zugänglich sind. Darüber befinden sich weitere sechs „Häuser“, die straßenseitig durch einen Laubengang erschlossen werden. Die günstige Ost-West-Orientierung des Hauses ermöglicht eine gute Querbelichtung der Räume, die Dachaufbauten mit Galerien bringen ein großzügiges Raumerlebnis in die sonst kleinteilige Struktur. *as*

■

1110 Wien, Leberberg, Reimmichlgasse 18
1997

■ **Wohnhausanlage** *1110 Wien, Etrichstraße 15, 1995–99* **Gisela Podreka** ■ **Wohnanlage Leberberg** *1110 Wien, Am Hofgartel 8–10, 1995–96* **Michaela Hummelbrunner, Hilde Filas**

Institutsgebäude der Julius-Raab-Stiftung, Zubauten
Ingrid Zdarsky

Mit respektvollem Sicherheitsabstand zum denkmalgeschützten Bestand, zu dem jedoch auf der Ebene des Obergeschoßes über eine Galerie direkt Verbindung aufgenommen wird, wurde der Zubau zum Julius-Raab-Gebäude als charakteristischer Holzbau realisiert. Dieser Dialog zwischen Alt und Neu wird durch ein schräg verlaufendes Oberlichtband verstärkt, das sich über die Westfassade fortsetzt. Der neue Holzbau mit seinen sichtbaren Holzleimbauträgern ruht auf einem massiven Erdgeschoß. Der Zubau zum Speisesaal wurde als Glashaus ausgeführt. Nun sitzt man gleichsam drinnen und draußen zugleich, auf einem überdachten Sitzplatz im Schatten einer Gruppe von Kiefern. Situiert in einem Parkschutzgebiet, wurden die Eingriffe bewusst dezent gehalten. *ek*

■

1120 Wien, Tivoligasse 73
1989–90, 1994–95

Wohnhaus Ulrike Lambert

sglw architekten

Mit charakteristisch geteilten, schmalen Fenstertüren antwortet die Straßenfassade des Wohnhauses auf die unmittelbare Umgebung. Eingeklemmt zwischen einem unspezifischen Genossenschaftswohnbau aus den 50er oder 60er Jahren und einem typischen, reichverzierten Wiener Vorstadtwohnhaus schließt dieses kleine Wohnhaus eine Baulücke. Die in die glatte Putzfassade eingefügten Fenstertüren stellen ein Nahverhältnis zum Straßenraum her. Die hofseitige Fassade mit offenen Glasfronten sorgt für viel Licht im Gebäudeinneren, wird jedoch teils von Bäumen beschattet. Eine gewendelte Stiege nutzt die sehr kleine bebaubare Grundfläche optimal aus. So wurde ein ökonomisches Verhältnis zwischen den Wohnnutzflächen der acht Wohnungen und den Erschließungsflächen erzielt. *ek*

1120 Wien, Ehrenfelsgasse 18
1998–2000

Café in der Gloriette
Franziska Ullmann

Leicht und luftig inszeniert der langgestreckte Kolonnadenbau auf der Schönbrunner Bergkuppe nach allen Regeln barocker Baukunst mit Treppen und Terrassen die Aussicht, das Flanieren und Verweilen. Das Café im verglasten Mittelteil reagiert behutsam auf den Bestand: in die tiefen Fensternischen fügt Ullmann auf Podesten umlaufende Sitzbänke aus hellem Ahorn ein, die intime Zonen bilden. Die anderen Tische stehen frei, geflochtene Rattan-Stühle in imperialem Rot verströmen das Flair gepflegten Müßiggangs. Die Symmetrie der Gloriette ist in den freien Hauptachsen spürbar, aber sonst gebrochen. Ein kompakter, mit integrierten Vitrinen aus hinterleuchtetem Opalglas und leichtem Stahldach designter Block fasst Bar, Küche und Theke zusammen. Er steht frei im südwestlichen Karree. Kein massiver Einbau stört den Raum, die Leichtigkeit blieb. *im*

■
1130 Wien, Schloss Schönbrunn
1995–96

Zwei Villen und Ordination

Karla Kowalski

Michael Szyszkowitz

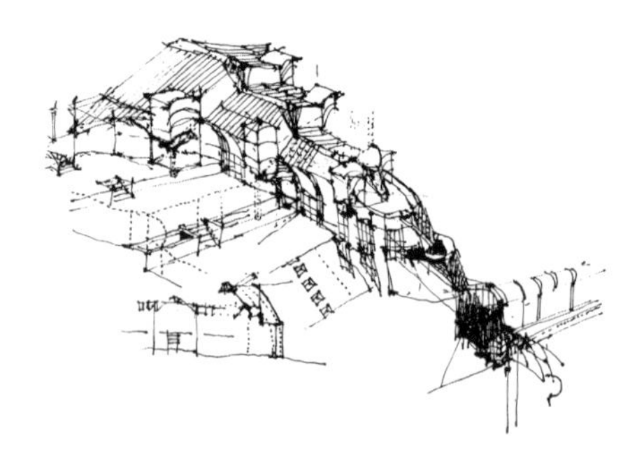

Auf einem stark ansteigenden, schmalen Grundstück wurden die Häuser annähernd axial hintereinander situiert und als zusammenhängende Teile eines Gesamtkonzepts entwickelt, in dem jedes Haus jedoch auch seinen individuellen Ausdruck findet. Markant leuchten die türkisen Dachziegel, die sich zu einem intensiven Farbenspiel mit dem Grauviolett des oberen und dem Graublau des unteren Hauses verbinden. Das untere Haus ist mit einem vorspringenden Fuß im Boden verankert und nimmt mit einer Fülle spezifischer Öffnungen und zwei Terrassen Kontakt zur Umgebung auf. Das obere Haus mit zwei hochgelegenen Eckterrassen zeichnet sich durch einen über alle drei Geschoße erstreckenden Wintergarten aus, der, in der Achse liegend, die Erschließung bildet. *ek*

■

1130 Wien,
Wlassakstraße 94–96
1987–2001

■ **Orthopädisches Spital, Zu- und Umbau** ***1130 Wien, Speisinger Straße 109, 2001–03***
Liselotte Peretti, Friedrich Peretti

Kleingartenhaus Küniglberg

Ulrike Hausdorf

Günther Hadler

Am Eingang zur Kleingartenanlage auf dem Küniglberg steht der markante rote Kubus, der von allen vier Seiten zu betrachten ist. Raum, Licht und Luft in hohem Maß sind bestimmende Qualitäten des Kleingartenwohnhauses, die nur unter maximaler Ausnutzung der limitierenden Bauvorschriften entwickelt werden konnten. Die west- und südseitigen stützenlosen, zweigeschoßigen Verglasungen, zum Garten hin orientiert, sowie die Glasgalerie, lassen eine bebaute Fläche von 50 m² nahezu unrealistisch erscheinen. Das Innere des Hauses wird von Glasgalerie und Glasstiege bestimmt, die sich als skulpturales Element durch das Haus zieht. Gartenseitig kragt die Laube mit Blick Richtung Stadt aus. Der Aufstieg von der Laube zur Dachterrasse mit ihrer spektakulären Aussicht auf ganz Wien setzt einen weiteren Schritt in der Blickdramaturgie. *ek*

■

1130 Wien,

Adolf-Lorenz-Gasse gegenüber Nr. 8

1999–2001

■ **Einfamilienhaus** *1130 Wien, Eyslergasse 48, 1998–2000* **Evelyn Rudnicki pool Architektur** ■ **Einfamilienhaus mit Bürotrakt** *1130 Wien, Hochwiese 27, 1998–2001* **Ingrid Konrad**

Gartenhaus Arato
Ulrike Lambert
sglw architekten

Das Sommerhaus steht in einer der ältesten Kleingartensiedlungen Wiens. Ein steiles Grundstück in Nordwestlage, 35 m² bebaute Fläche und 200 m³ umbauter Raum lauteten die engen Rahmenbedingungen. Die Auflösung in kleinteilige Fassadenfelder unterstreicht die kristalline Form des Hauses. Trotz geringer Fläche blieb innen viel Raum durch platzsparende Maßnahmen, wie die Anordnung der horizontalen Erschließung in Form einer schmalen Treppe entlang der Gartenfassade. Im Obergeschoß wurde das Kinderzimmer als ruhige Rückzugskapsel zwischen Treppe und Rückwand eingefügt. Das Elternschlafzimmer hingegen erhielt mit dem rahmenlosen Glaserker eine Panoramafassade. Durch die vom Boden bis zur Decke reichenden Glasscheiben hat man stets das Tal und den bewaldeten Gegenhang im Blickfeld. *fl*

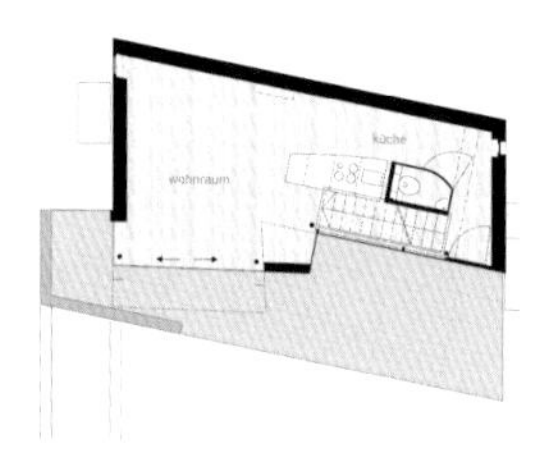

■
1140 Wien, KGV Rosenstal,
Gruppe 8, Parzelle 12
2000–02

■ **Holzmodulhaus** ***1140 Wien, Griesingergasse 44, 2000*** **Karin Simma-Strasser**

Villa
Monika Breu

Eine steile Hanglage am westlichen Stadtrand von Wien: die einzige Erschließungsmöglichkeit unten, die beste Aussicht oben. Damit waren maßgebliche Parameter für Situierung und Konzeption vorgegeben. Von der Zufahrtsstraße ist das Haus kaum zu sehen. Ein niedriger Sichtbetonbaukörper als Garage überdeckt den Zugangsbereich und ist Ausgangspunkt für ein bewusstes Bezwingen des Steilhangs über die gerade nach oben führende Treppe. Die schieferverkleidete Sockelzone birgt das Untergeschoß und das Schwimmbecken. Über dem transparenten Erdgeschoß kragt eine konstruktiv als Brückenbauwerk konzipierte, holzverkleidete Box als voluminöser Schutzkörper für das kristalline Darunter aus. Die Abfolge von straßenseitigen Kleinarchitekturen, Treppenanlage und Wohnhaus bildet ein aus der Topografie heraus entstandenes Ensemble. *fl*

■

1140 Wien,
Gamandergasse 4–6
1996–2000

■ **Wohnhaus** ***1140 Wien, Rudolf-Pöch-Gasse 1c, 1999–2000*** **Michaela Hummelbrunner**

SMZ Otto-Wagner-Spital, Pavillon 3, 5 und 11/Neurologie, Umbau

Anja Fischer

Ernst Beneder

1140 Wien, Baumgartner Höhe 1
1997–2002

Das SMZ Otto-Wagner-Spital gilt als eine der kulturhistorisch bedeutendsten Spitalanlagen Mitteleuropas. Das Neurologische Krankenhaus wurde vom Maria-Theresien-Schlössl (19. Bezirk) in die unter hohen Denkmalschutzauflagen renovierten Pavillons 3, 5 und 11 an diesen Standort transferiert. Durch geschickte Eingriffe, wie das Entfernen der Mittelmauer, konnte die Grundidee des Entwurfs – jedem Patienten sein Fenster – umgesetzt werden. Als Einbaumöbel mit farbigen Schichtstoffplatten gestaltete Sanitärbereiche innerhalb der Zimmer assoziieren Wohnlichkeit. Sie definieren innerhalb der hohen, weiß gestrichenen Altbausubstanz Eigenständigkeit und Autonomie. Vor den Krankenzimmern bieten nischenartige Eingänge mit Sitzbänken vor allem für Langzeitpatienten identitätsstiftende Orte mit privatem Charakter. *bk*

■ **Forstliche Bundesversuchsanstalt Mariabrunn, Generalsanierung** ***1140 Wien, Hauptstraße 7, 1988–93*** **Eva Weil, Christine Ohrenberger**

SMZ Otto-Wagner-Spital, Pavillon 9/Geriatrie, Umbau
Christa Prantl
Alexander Runser

■
1140 Wien, Baumgartner Höhe 1
1997–2001

Mit einem präzisen Schnitt ins Mark der denkmalgeschützten Bausubstanz verwandelten Prantl/Runser den Pavillon 9 ins ausbalancierte, stimulierende Lebensumfeld einer Geriatrie mit klaren, orientierungsfördernden Strukturen, die den Rückzug des Einzelnen sowie Teilnahme am Stationsleben, Kontrolle und Freiheit ermöglichen. Das Denkmalamt konnte überzeugt werden, dass erst durch Abriss der tragenden Mittelmauer die nötige rollstuhlgerechte Bewegungsfreiheit möglich ist. Die neue schlanke Stahl-Beton-Mischkonstruktion mit Oberlichtband unterstützt die Belichtung von Süden und erhöht die Geschoßfläche um 40 m^2. Gegenüber dem Stiegenhaus liegt der Pflegestützpunkt, beiderseits reihen sich die Zimmer mit eingeschobenen großzügigen Bäder-Boxen an. Die Seitenflügel wurden mit fließenden Übergängen als Tagräume gestaltet. Einbauten und Möbel sind aus Ulmenholz hergestellt. Die Therapieräume auf Gartenniveau erleichtern den Weg ins Freie. Der Windfang an der Nordseite – gestaltet als Glaskubus – wirkt als äußeres Signal. *im*

■ **Volks- und Hauptschule, Generalsanierung** ***1140 Lortzinggasse 2/Meiselstraße 47, 2000–03*** **Susanne Priesner, Lisa Zentner**

Wohnhausanlage

Anja Fischer

Ernst Beneder

Unaufdringlich, mit vielen interessanten Details und einer klug durchdachten Struktur schließt der Wohnblock eine Lücke im Bild der Stadt. Der große Maßstab des Blocks wurde in einen städtischen Mikrokosmos von „Haus-Bausteinen" gegliedert. Rücksprünge erlauben es, in die Höhe zu bauen, ohne mit der Gebäudemasse den Straßenraum einzuengen. Es gibt Türme und Penthäuser, Lochfassaden und Glashüllen, Freiräume in allen Ebenen, Blickverbindungen zwischen Innen und Außen und eine Ecklösung mit städtischem Gestus – innerhalb eines Gebäudes also viele urbane Merkmale, die für eine Balance zwischen Masse und Leichtigkeit sorgen. Mit Ideenreichtum entstand im engen Korsett der Möglichkeiten ein hochqualitatives Wohnungsangebot mit gut nutzbaren privaten Freiräumen. *fl*

■

1150 Wien,

Arnsteingasse 2–6/Sechshauserstraße 44

1997–2001

■ **Sozialer Wohnbau** *1150 Wien, Reithofferplatz 10, 1998–99* **Brigitte Ottel**
■ **Pensionistenheim Schmelz, Umbau** *1150 Wien, Ibsenstraße 1, 2000–02* **Annemarie Obermann**

Wohnbau

Cornelia Schindler

Rudolf Szedenik

Der öffentliche Raum innerhalb der Anlage, ihn für Aktivitäten attraktiv zu machen und zu begrünen, ist bei Schindlers Wohnbauten immer wieder gebaute Realität. Da sich bei diesem kürzlich fertiggestellten Projekt das Erdgeschoß mit Garagen und Nebenräumen über die komplette Grundfläche erstreckt und keine unversiegelten Erdgeschoßflächen zur Verfügung stehen, wird jede nutzbare Dachfläche als Grünraum ausgebildet. Neben dem Hof, in dem sich Spiel- und Freizeitflächen sowie Mietergärten finden, werden die Dächer über dem zweiten und sechsten Obergeschoß intensiv begrünt. Schwimmbad, Liegewiese und Saunaterrasse verfeinern das Angebot für die Mieter der 263 Wohnungen. In einem der fünf Binnenbaukörper, die siebengeschoßig ausgeführt sind, befinden sich zum Garten hin Kinderspiel-, Fitness- und ein großer Gemeinschaftsraum. *bk*

■

1160 Wien, Seitenberggasse 53–63
2000–03

■ **Niedrigenergie-Einfamilienhaus** ***1160 Wien, Heiderichstraße 22, 2001–02*** **Ingrid Hackermüller-Habenschuss, Werner Hackermüller**

Kleingartenhaus
Claudia Pöllabauer-Tscherteu

Das kompakte und zugleich leicht wirkende Kleingartenhaus beweist, dass Bewegung in die herkömmliche „Schrebergartenarchitektur“ gekommen ist. Neue Formen und Materialien halten Einzug. Durch geschickte Ausnutzung der leichten Hanglage kann der Keller als Wohnraum genutzt werden. Eine großzügige Terrasse öffnet das Haus zum Garten hin. Ende der 90er Jahre begann planhaus mit der Entwicklung der Solar-Fertigbauhäuser und besetzte die Marktnische der ökologischen Niedrigenergiehäuser. Wie auch das Haus in der Czartoryskigasse wird jedes sol-Haus individuell für die Bedürfnisse des Bauherrn geplant, ganz im Gegensatz zu handelsüblichen Fertigteilhäusern. Alle sol-Häuser zeichnen sich durch spezifische Charakteristika aus: große Fensterflächen und flachgeneigte Pultdächer, ökologische Materialien und geringen Energieverbrauch. *ek*

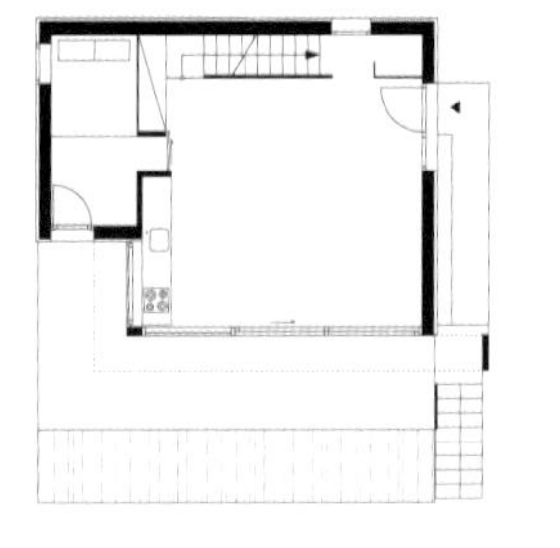

■

1170 Wien, Czartoryskigasse 69, K 50
2002–03

Wohnhaus ÖBV
Marta Schreieck
Dieter Henke

Dieser frei finanzierte Maisonettenbau wird den Forderungen der klassischen Moderne voll gerecht: Transparente Räume, der Dialog zwischen Innen und Außen, beste Durchsonnung und fließende Raumfolgen, zeitgemäß interpretiert, kennzeichnen dieses großzügige Projekt. Statt Parapeten, Stürzen und Schwellen gibt es in den Wohnungen raumhohe Türen, Schiebe- oder Glaswände. Buchenholzböden, Mattglastüren und elegante Einbaumöbel als Raumteiler ergänzen die innere Transparenz und erlauben flexible Nutzung. Der südliche Teil dieser Anlage beherbergt die Maisonetten mit Vorgärten, der westliche Geschoßwohnungen und Geschäfte. Die Laubengänge hofseitig sind mit Glasdächern ausgeführt, um zusätzlich Licht und Luft durchzulassen. Trotz hoher Detailqualitäten blieben die Baukosten auf vertretbarem Niveau. *bk*

■
1170 Wien,
Frauenfelderstraße/Kainzgasse
1990–93

■ **Pensionistenwohnhaus, Rezeptions- und Hallengestaltung** *1170 Wien, Alszeile 73, 2001* **Anne Bauer**

Kirchenamt und Ausbildungszentrum der Evangelischen Kirche, Um- und Zubau

Adele Feitzinger

Christian Heiss, Christian Gabler

Konfrontiert mit der komplexen Ausgangssituation, eine Verbindung zwischen den bestehenden Gebäuden von Theophil Niemann aus dem Jahr 1920 und von Friedrich Rollwagen aus dem Jahr 1970 zu schaffen, setzte man auf eine bewusst zurückhaltende Gestaltung. Der pavillonartige Glasbau schafft einen vorderen Freibereich und erschließt auch den rückwärtigen Garten. Hier finden sich höchst unterschiedliche Nutzungen: Empfangsraum und öffentlicher Andachtsraum. Voneinander getrennt sind die Funktionen durch mobile Wände. Durch raumhohe bewegliche Holzelemente werden mittels Filterung des Lichts unterschiedliche Raumstimmungen erzeugt.
Die Bibliothek ist im ausgebauten Untergeschoß, das die Hanglage ausnützt, untergebracht. Der Bestand wurde behutsam saniert und für die neuen Funktionen adaptiert. *ek*

■

1180 Wien, Severin-Schreiber-Gasse 1–3
2001–02

Hans-Radl-Schule, Sonderschule der Stadt Wien, Renovierung und Umbau
Eva Weil / Christine Ohrenberger

Die Hans-Radl-Schule wurde von Viktor Adler in den 1950er Jahren auf dem Gelände des Czartoryski-Schlösschens erbaut. Sie steht als erhaltenswertes Zeitzeugnis des Schulbaus unter Denkmalschutz. Für die Generalsanierung war daher behutsamer Umgang mit dem Bestand gefordert, der dem Denkmalschutz Rechnung trägt. Durch ausgeklügelte Raumökonomie konnte die Kubatur des Gebäudes weitgehend unverändert bestehen bleiben, der Gesamteindruck blieb gewahrt. Vorhandene Räume wurden neu aufgeteilt, Funktionen zusammengelegt und vor allem Raumressourcen im Keller nutzbar gemacht. Die Loggia wurde verglast und der Innenbereich bis zum Garten hin verlängert. So konnten bei allen Einschränkungen neue Räume geschaffen werden, die den zeitgemäßen Anforderungen der Behindertenpädagogik entsprechen. *ek*

■

1180 Wien, Währingerstraße 173–181
1998–2002

Bürohaus Stadtbahnbögen Spittelau U4:U6
Silja Tillner

Im Spittelauer Niemandsland zwischen Gürtel und Donaukanal, zwischen homogener Blockrandbebauung und unübersichtlicher Gleislandschaft landet ein dynamischer und zugleich forscher, städtebaulicher Akzent. Die Überbauung der Stadtbahnbögen setzt auf einen schwungvollen Dialog zwischen Alt und Neu. Die Verglasung der alten Bögen und die Glas- und Stahlkonstruktion des dreigeschoßigen Aufbaus strahlen Leichtigkeit aus, setzen der Massivität des Bestands Transparenz entgegen. Mit einem verschobenen Kreisbogen führt der Aufbau die Bewegung der ehemaligen Stadtbahnlinie fort und hebt sich dennoch signalartig von ihr ab. An der Heiligenstädterstraße wird der geschwungene Baukörper mit dem Block vereint. Es entsteht ein mondsichelförmiger Hof, in dem die alten Bögen ihre neue Wirkung in voller Länge zur Entfaltung bringen. *ek*

■

1190 Wien, Heiligenstädter Straße 29
2001–04
ARGE Spittelau, Werkraum Wien

■ **ÖBB Zentralstellwerk Heiligenstadt, Umbau und Aufstockung** *1190 Wien, Muthgasse 119b, 2000–01* **Sigrid Kölblinger, Othmar Lebel** ■ **Bürogebäude** *1190 Wien, Grinzinger Allee 18, 1992* **Ulrike Janowetz**

Schule Neubau
Bettina Götz
Richard Manahl

Ein lang gestrecktes Grundstück zwischen einer stark frequentierten Schnellstraße und monotonen Parkdecks von Gemeindebauten am Rande der Stadt: Hier antwortet Bettina Götz mit einem Bau aus Stahlbeton, Zinktitanblech, Aluminium und Glas. Neben diesen bewusst roh eingesetzten Materialien werden die zwölf Stammklassen, sechs Freizeit- und eine Vorschulklasse durch Lichtführung und Farbgebung belebt: An den Wänden dominieren zwei Gelbtöne, die Metallteile sind signalorange, die Böden graugrün. Die Klassen sind zum ruhigen Sportplatz orientiert, die weniger lärmempfindlichen Räume wie Turnsäle und Pausenhof zur Schnellstraße gerichtet. Dazwischen ein dreigeschoßiger Erschließungsbereich mit Haupteingang und einem öffentlich nutzbaren Veranstaltungsraum. Ein Bau, der Klarheit schafft in einer chaotischen Peripherie-Bebauung. *bk*

1210 Wien, Zehdengasse 9
1993–96

■ **Intervet, Laboratorium und Eingangsbereich, Um- und Zubau** *1210 Wien, Richard-Neutra-Gasse 1, 2001* **Ingrid Konrad**

Autofreie Mustersiedlung

Cornelia Schindler

Rudolf Szedenik

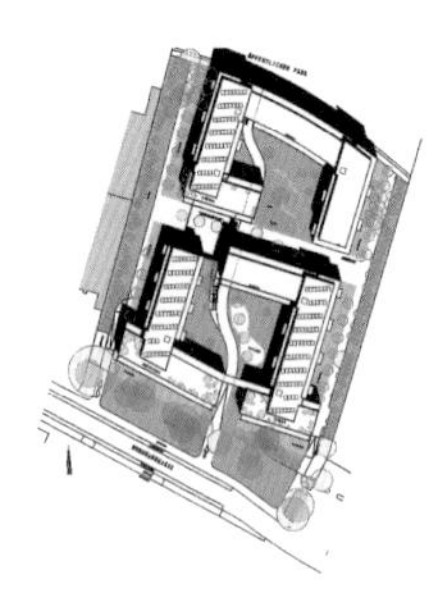

Bei diesem Wiener Vorzeigewohnbau konnten die künftigen Mieter die Bereiche Wohnung, Gemeinschaftsräume und Grünraum mitbestimmen. Vorgegeben wurde durch die Planer eine „leere" Struktur, die von einem Laubengang erschlossen wird. Für diese „Leere" standen 84 Grundrissvarianten zur Wahl; auch die Größe der Loggien wurde vom künftigen Nutzer bestimmt. Die Mieter der 244 Wohnungen mussten sich aber zum Verzicht auf ein eigenes Kfz verpflichten, was eine Auflage der Wohnbauförderung darstellte. Der Mehrwert dieses Projekts spiegelt sich einerseits im ökologischen Konzept, andererseits in der Grünraumgestaltung und in den Gemeinschaftseinrichtungen wider. Die Bewohner finden auf begrünten Dächern, im Teich- und Spielhof, im Saunahaus oder im Wohnzimmer der Siedlung „autofrei" Möglichkeiten zur Entspannung. *bk*

1210 Wien,
Nordmanngasse 25–27
1996–99

Frauen Werk Stadt, Kindertagesheim
Elsa Prochazka

Das Kindertagesheim besticht durch präzise Formgebung und differenziertes Raumangebot, das für Kinder ein anderes Raumerleben selbstverständlich werden lässt. Transparent wirkt das Gebäude durch die braunorange gefärbte Glasfassade, schwebend durch die kubischen Stützen. Die drei Gruppenräume mit insgesamt 100 Kindergartenplätzen stehen im rechten Winkel auf kubischen Stützen, welche die Nasszellen und Stauräume beinhalten. So wurden auf konstruktive Weise regengeschützte Spielflächen im Untergeschoß gewonnen. Durch ostseitig vorspringende Erker verwandelt sich die Erschließungssituation des Korridors in eigene Räume zum Malen, Schreiben und Spielen, aber auch einfach nur zum Schauen. Gartenseitig Richtung Westen finden sich offene Loggien als Pendant zu den geschlossenen Erkern. *ek*

■

1210 Wien, Carminweg 6, Stiege 2
1994–96

Frauen Werk Stadt, städtebauliches Leitprojekt und Wohnbau
Franziska Ullmann

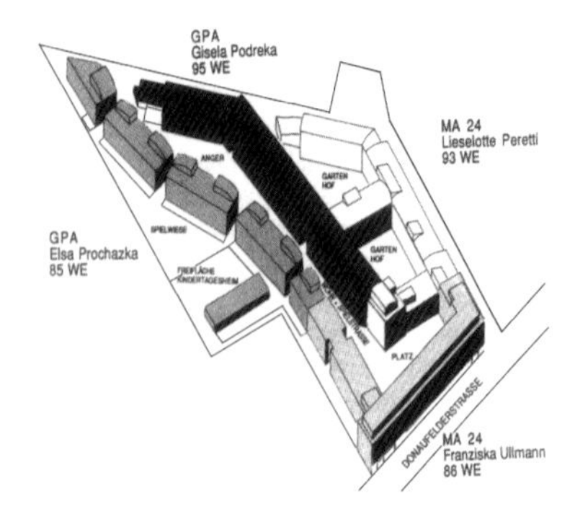

1210 Wien,
Donaufelderstraße 97
1994–97
Gartengestaltung:
Maria Auböck

Im Jahr 1993 wurde durch das Frauenbüro der Stadt Wien der Wettbewerb für die Frauen Werk Stadt ausgeschrieben. Wettbewerbssiegerin Franziska Ullmann entwickelte ein überaus differenziertes städtebauliches Konzept, die verschiedenen Bauteile wurden von Liselotte Peretti und Franziska Ullmann (Stadt Wien) und von Elsa Prochazka und Gisela Podreka (Wohnbauvereinigung für Privatangestellte) entworfen. Der von der Wohnbauvereinigung für Privatangestellte errichtete Teil wurde nach der ersten österreichischen Architektin und Ehrenvorsitzenden der Jury „Margarete-Schütte-Lihotzky-Hof" benannt. Die Frauen Werk Stadt ist keine Themenstadt. Vielmehr wurde versucht, den Anliegen der Gemeinschaft Rechnung zu tragen, einen funktionierenden sozialen Kosmos zu schaffen. Frauenspezifische Bedürfnisse – in der Hinsicht, dass Frauen in unserer Gesellschaft immer noch die Hauptlast der familiären Nichterwerbsarbeit tragen – wurden in Raumangebote übersetzt. Angstfreie Innen- und Außenräume, kommunikationsintensive Räume, die den Anforderungen von Familien Genüge leisten, waren das Ziel, das es innerhalb der Rahmenbedingungen des sozialen Wohnbaus zu realisieren galt. Die Abfolge von Platz, Wohnwegen und Anger konzentriert die Erschließung zwischen der viel befahrenen Donaufelderstraße und dem ruhigen Carminweg

durch das über zwei Hektar große, autofrei gehaltene Gelände. Die Künstlerin Johanna Kandl gestaltete den Weg mit mehrfarbigem Asphalt, um den Zusammenhalt zwischen den unterschiedlichen Bauteilen herzustellen. Der urbane, sechsgeschoßige Straßentrakt von Ullmann beinhaltet sechs Wohnungen für ältere Menschen sowie Geschäftsflächen, eine Arztpraxis und ein Polizeiwachzimmer. Innerhalb der variablen Grundrisse erfuhr die Küche im Bezug zu den anderen Räumen eine Aufwertung: sie ist Arbeits- und Aufenthaltsraum mit Blickkontakt nach außen. Um eine Tag- und Nachtseite zu vermeiden, sind die Küchen abwechselnd nach beiden Seiten hin orientiert: Sicherheit als Ergebnis von „social eyes“ und Belebtheit. *ek*

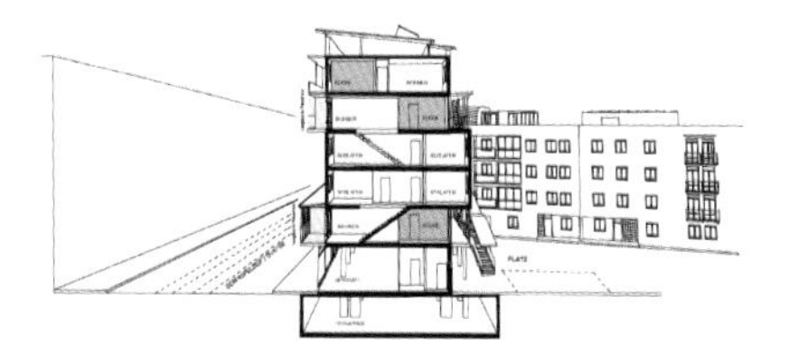

Frauen Werk Stadt, Wohnbau
Liselotte Peretti

1210 Wien, Donaufelderstraße 99
1994–97

Die Randbebauung der beiden Höfe der Frauen Werk Stadt stammt von Liselotte Peretti. In die Wohnbauten sind sowohl Behindertenwohnungen als auch ein Kommunikationszentrum integriert. Der vordere Platz, an dessen Ecke sich ein postmoderner turmartiger Baukörper befindet, wird durch diese Bauten abgeschlossen, im hinteren Hof folgt die Bebauung der Grundstücksgrenze. Die Fassaden haben Glasbau-/Steinloggien. Der letzte Trakt mündet in eine gedeckte Spielfläche. Um das Parken angstfrei zu gestalten und ein müheloses Anliefern und Zufahren bis zum „Hauseingang" und Aufzug zu ermöglichen, sind die Garagen so geplant, dass jedes Stiegenhaus direkt ohne lange Wege erreichbar ist. Funktionsräume, wie eine Waschküche, liegen bei den Ausgängen aufs Dach, die anschließenden überdachten Terrassen dienen auch der Kommunikation. *ek*

■ **Zahnarztpraxis Dr. S.** *1210 Wien, Kürschnergasse 1, 2001* **Patricia Zacek**

Frauen Werk Stadt, Wohnbau
Gisela Podreka

Der sechsgeschoßige, gerade Baukörper in der Grundstücksmitte bildet das Rückgrat der Frauen Werk Stadt. Die anschließenden niedrigeren Baukörper sind parallel zur schräg verlaufenden hinteren Grundstücksgrenze verschwenkt und enden in einer offenen Kinderspielhalle. Es wurden klar differenzierte Außenräume geschaffen, in denen man sich schnell und gut orientieren kann. Die Loggien und Laubengänge auf der Westseite sind als offene Kommunikationszonen gestaltet und fördern die Begegnungsmöglichkeiten zwischen den BewohnerInnen. Querdurchlüftete Wohnungen mit flexibel gehaltenen Grundrissen garantieren ein hohes Maß an Wohnhygiene und Wohntauglichkeit. Gleichwertige, aber auch variable Raumaufteilungen ermöglichen vielfältige Nutzungsmöglichkeiten für unterschiedliche Familienstrukturen. *ek*

■

1210 Wien, Carminweg 6
1994–97

Wohnhausanlage „Recycling Architecture"
Sylvia Fritz

In einer streng denkmalgeschützten Zone gelegen, stellt die Anlage in Maßstäblichkeit und Formgebung einen Bezug zu den umliegenden Weinkellern und Scheunen her. Größtenteils besteht sie aus wiederverwendeten Baumaterialien, denn seit Jahren hatte der Bauherr, der in einer bekannten Baufirma tätig ist, Abbruchmaterialien wie Bundträme, Sandsteinwendeltreppen aus Stadtpalais, Granitpflaster und Dachziegel gesammelt, die es wiederzuverwerten galt. Mit großem Einfühlungsvermögen wurden diese Materialien in den Entwurf integriert und so einer neuen Nutzung zugeführt. Die sechs mehrgeschoßigen Wohneinheiten, unterschiedlich in Größe und Charakter, sind um einen gemeinsamen Innenhof gruppiert, der als Erschließung dient. Zugleich ist jeder Einheit ein privater, abgeschotteter Außenbereich zugeordnet. *ek*

■

1210 Wien-Stammersdorf,
Clessgasse 24
1991–93

Wohnhausanlage mit Büros
Silvia Fracaro

Eine strenge Fassadengliederung kennzeichnet den Straßentrakt der Wohnhausanlage. Die den Wohnungen vorgelagerten Wintergärten, die vor allem zur Nutzung der passiven Sonnenenergie dienen, fungieren auch als Schallpuffer und schotten die Wohnbereiche zur frequentierten Straße hin ab. Insgesamt befinden sich im Straßentrakt 19 Wohnungen und drei Büroeinheiten. Die Mehrzimmerwohnungen sind alle durchgebunden und weisen die gleiche Orientierung auf: die Wohnküchen liegen nach Süden zur Straße hin, die Schlafzimmer sind der Ruhelage des anschließenden Gartens zugewandt. Als weitere energieeffiziente Maßnahme wurden Fotovoltaik-Module eingesetzt, die als Vordächer ausgeführt sind und den Energiebedarf für die Allgemeinbereiche liefern. *ek*

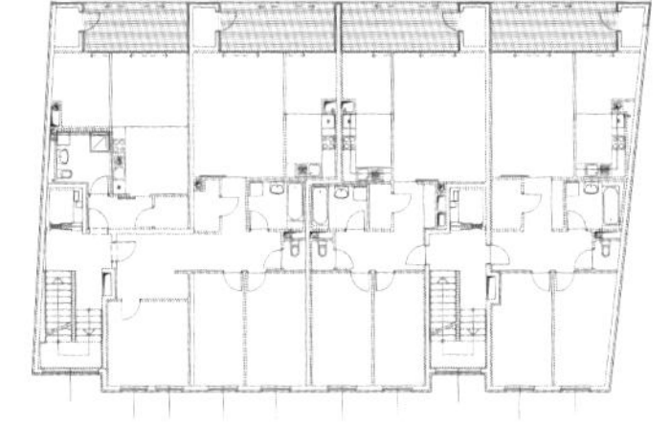

■

1210 Wien, Donaufelderstraße 103
1995–2001

■ **Betriebsgebäude Aventis Behring, Aufstockung** ***1210 Wien, Richard-Neutra-Gasse 5, 1998–2001*** **Ingrid Konrad**

Wohnen und Arbeiten „Compact City"

Laura P. Spinadel
BUSarchitektur
Claudio J. Blazica

1210 Wien, Donaufelder Straße 101 1996–2002

Als Forschungsprojekt unter dem Titel „Homeworkers" entwickelte BUSarchitektur – ohne konkrete Realisierungszusage – eine Modellsiedlung, die Wohnen und Arbeiten verschränkt. Es ging dabei aber nicht nur darum, ein urbanes Netzwerk zu flechten, das möglichst vielen Anforderungen gerecht werden kann. Als komplexes Gefüge von Wohnungen, Büros, Ateliers, Geschäften, Werkstätten und Freiräumen bildet das später in „Compact City" umgetaufte Projekt eine kleine Stadt. Die Koppelungsmöglichkeiten von Wohn- und Büroflächen sind ebenso vielfältig wie das Wegenetz. Die Erdgeschoßzone ist gewerblichen Flächen vorbehalten. Über einen verglasten Erschließungsturm oder über die Rolltreppe, die den Bürotrakt durchstößt, gelangt man auf die Plaza im ersten Obergeschoß, die das kommunikative Herz der Anlage ist. *fl*

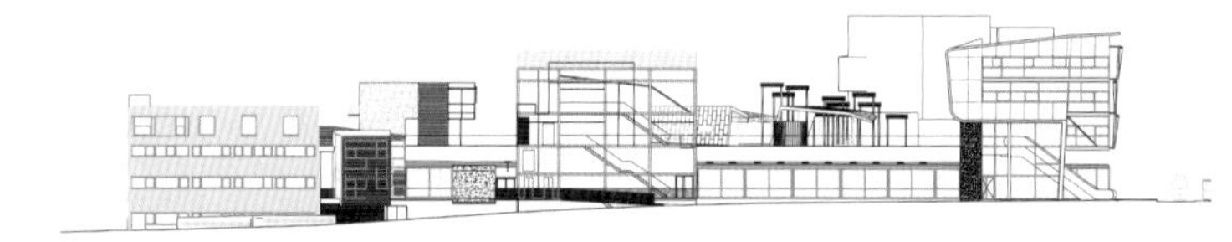

Klimawindkanal

Anna Popelka

Georg Poduschka

Ein massiver, fast fensterloser Baukörper mit kleinen Zubauten: die silberne Hülle verweist auf Dynamik. In ihr steckt der 100 Meter lange, weltweit größte Klimawindkanal, ein Glanzstück innovativer Hochtechnologie. Schnee, Regen, Hagel, Windstärken von 10 bis 250 kmh, Temperaturen zwischen −50° und +60°C: auf zwei Teststrecken lassen sich jegliche Witterungsextreme simulieren. Jede neue Zug- oder Busgarnitur muss diesen „Elchtest" zur Standardisierung bestehen. Im permanenten Austausch mit über 30 Experten organisierten und strukturierten PPAG das übersichtliche Gebäude. Der Windkanal wird breiter, bewegt sich in der Länge um 26 Zentimeter, Fugen und in Segmente unterteilte Rohre gleichen Schwankungen aus, massive PU-Schaumdämmung hält alle Temperaturen. Die Architektur gibt der komplexen Logistik eine einheitliche, übergeordnete Hülle. Sichtfenster lassen von der Messwarte aus am Testspektakel teilnehmen, dank Schallschutz kann man in den Gängen auf Ohrenschutz verzichten. *im*

■

1220 Wien, Paukerwerkstraße 2
1999–2002

Wohnhausanlage

Eva Česka

Friedrich Priesner

Auf dem Grundstück zwischen Siegesplatz und Benjowskygasse soll in einem Umfeld, das wenig strukturellen Halt bietet, Lebensqualität geschaffen werden. An den Straßenseiten liegen jeweils abschließende Baukörper mit Geschoßwohnungen und Laubengangerschließung, dazwischen Reihenhäuser mit prismatischem Dachaufbau, die einen sich perspektivisch verjüngenden Weg säumen. Die Fassade zum Siegesplatz wird aus mehreren Schichten gebildet und sorgt so für Distanz zum Straßenraum. Farbkonzept und Oberflächenkontraste lassen den Eindruck einer dreidimensionalen Collage entstehen. Neben gut organisierten Wohnungen werden allerhand sinnlich erfahrbare Erlebnisse geboten. Die Anlage ist ein erfrischender, wohlgesetzter und der Situation angemessener Akzent im nicht mehr dörflichen, aber noch nicht urbanen Stadtrandgebiet. *fl*

■

1220 Wien, Siegesplatz 18–19

1993–2000

AHS, Schulbau

Marta Schreieck

Dieter Henke

In der Peripherie von Aspern entstand dieser ein- und zweigeschoßige Atriumbau, der mit seiner schwebenden Erscheinung einen eigenständigen Ort definiert. Trotz seines riesigen Volumens erlaubt der transparente Bau den rund 1000 Schülern Durchblicke von innen und außen. Die Materialien Beton, Stein, Holz und Glas unterstreichen die Leichtigkeit der Konstruktion. Die Schule wird mit einer zweigeschoßigen verglasten Aula erschlossen. Von hier führen Treppen ins Obergeschoß sowie in die im Untergeschoß gelegene Turnhalle und die Sonderunterrichtsräume. Auf dem Dach der Turnhalle befindet sich die Bibliothek mit Terrasse. Die Klassen sind im Erdgeschoß westseitig, im Obergeschoß ringförmig angeordnet. Vor den Klassen dienen die großzügigen Gänge als Pausenraum und Garderobe. *bk*

■

1220 Wien, Heustadelgasse 4
2000–02

Sozialer Wohnbau

Snezana Veselinovic

Erwin Bolldorf, Günther Hadler, Franco Fonatti,
Horst Gaisrucker, Erwin Resetarits

Mit einem ungewöhnlichen Rundbau setzt die Gruppo ARCA einen deutlichen Kontrast zur vorwiegend kubischen Bebauung in dem durchgängig von Neubauten bestimmten städtebaulichen Entwicklungsgebiet. Der Wechsel zwischen verglasten Veranden und vorgehängter Betonsteinverkleidung charakterisiert die Fassade. In den Dimensionen von 21 Meter Höhe und einem Durchmesser von 31 Meter setzt das Rundhaus klar auf städtisches Wohnen. Geräumiger Eingangsbereich, transparentes Hauptstiegenhaus sowie ein direkt über eine Terrainabsenkung erreichbarer Kinderspielraum reizen die Beschränkungen des sozialen Wohnbaus aus. In den rundum laufenden Laubengängen liegt Tür an Tür: räumliche Dichte als sozialer Katalysator, Belichtung, Ausblick und die stringente Organisation der Gemeinschaftsbereiche bestimmen die Wohnungsgrundrisse. *ek*

1220 Wien, Langobardenstraße 191
1994–97

„Wohnpark Donaucity"
Elke Delugan-Meissl
Roman Delugan

Die strenge Form des aufgeständerten Riegels mit von der Nordfassade abgesetzter Erschließung erlaubt urbane Anonymität in angenehmem Grad. Kurze Brücken führen von den luftigen Laubengängen zu den Wohnungseingängen. Geräumige, Richtung Innenstadt orientierte Loggien bieten geschützten privaten Freiraum. Ein Strichcode-Muster veredelt die Brüstungsgläser und bietet Sichtschutz. Der anschwellende „Bauch" des Gebäudes ist mit braunen Sperrholzplatten verkleidet, die besonders nachts angenehme Wärme reflektieren. Darunter entstand zwischen mächtigen Stahlbetonstützen, die je nach Standpunkt unterschiedliche Stadtansichten rahmen, ein erlebnisreicher öffentlicher Raum. Dieser Freiraum unter den aufgestelzten Wohnungen ist als „parasitäre Zone" dazu vorgesehen, nachträglichen Einbauten Platz zu bieten. *as*

■

1220 Wien, Donau-City „Balken/Parzelle 13"
1996–98

■ **Hochhaus DC (Mischek Tower)** ***1220 Wien, Leonard-Bernstein-Straße 8, 1996–2000***
Elke Delugan-Meissl, Roman Delugan

„Wohnpark Donaucity", Drei Wohnhäuser mit 259 Wohnungen

Margarethe Cufer

Peter Balogh, Thomas Bammer

Die „Donaucity" als zweites Zentrum sollte der Stadt Wien neue Impulse bringen. Im Rahmen der für 1995 konzipierten Weltausstellung „Wien–Budapest" geplant, die aufgrund eines Volksentscheids abgesagt wurde, konnte dieses Gelände früher als vorgesehen bebaut werden: Der Masterplan stammt von Hollein/Coop Himmelblau, der Flächenwidmungsplan von Krischanitz/Neumann. Die Liste der beteiligten Architekten für die Objektplanungen liest sich wie ein „Who is Who" der zeitgenössischen Wiener Architektur: Holzbauer, Hollein, Loudon, Neumann, Frank, Delugan-Meissl, Tesar, Piva u. a. Cufer wurde 1993 zu einem Gutachterverfahren für die Wohnbebauung geladen. Sieger wurden die Entwürfe von Loudon/Delugan-Meissl, die gemeinsam mit Czech und Cufer das städtebauliche Leitbild entwickelten. Der Bauteil Cufer & Partner setzt sich aus drei Gebäuden (259 Wohnungen) zusammen, Stiege 8 und Stiege 9 bilden einen Winkel, der den städtischen Platz umschließt, auf dem als Solitär ein zylindrisches Hochhaus, die Stiege 10, als dominantes vertikales Element platziert wurde. Besonders überzeugend sind die beiden Atrienwohnhäuser, wo sich die gesamte Erschließung für über 100 Wohnungen unter einem großen Glasdach befindet und die typologisch an die sozialutopischen Arbeiten von Jean Baptist Godin erinnern. *as*

■

1220 Wien, Leonard-Bernstein-Straße 4–6/Stiege 8, 9, 10
1993–99

„In der Wiesen“ Wohnbau Generationenwohnen Franziska Ullmann

Peter Ebner

1230 Wien, Baumgartnerstraße 125/ Erlaaer Platz
1998–2001
Städtebauliches Leitprojekt: Franziska Ullmann

Für das Stadtentwicklungsquartier „In der Wiesen“ entwickelte Ullmann das städtebauliche Leitprojekt sowie zwei Bürogebäude, einen Multifunktionsbau und „Generationenwohnen“. Die beiden Bürobauten markieren so wie der Turm am Bauteil von Boris Podrecca Ein- und Ausgang ins Quartier. Die Platzfolge durch Bürogebäude und Karree ist von Geschäften und einem Restaurant in den angrenzenden Erdgeschoßzonen gesäumt. Durch verschiedene Geschoßhöhen, variierend zwischen vier und drei Metern, werden räumliche Elemente und funktionale Einheiten voneinander differenziert: Geschäfte im Erdgeschoß, darüber das Ärztezentrum sowie eine Fülle von Wohnangeboten mit temporär zu nutzenden Minilofts, betreuten Wohnungen für Ältere, Maisonetten und Geschoßwohnungen. Die Durchwegung des Erdgeschoßes unterstreicht die Bedeutung des Karrees als Quartierszentrum. *ek*

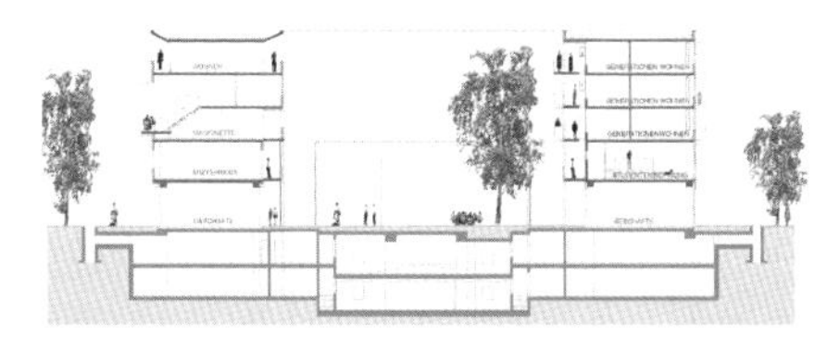

■ **Schule mit Hort und Kindergarten** *1230 Wien, Steinergasse 25, 1996–98* **Ingrid Hackermüller-Habenschuss, Werner Hackermüller**

Wohnbau

Susanne Höhndorf / Martina Schöberl

RATAPLAN

Zwölf Wohnungen – fünf verschiedene Grundrisstypen: Jede zweite Scheibe des in Stahlbetonschottenbauweise errichteten Gebäudes wurde schräggestellt. Dadurch entstehen bei den Maisonnetten im Obergeschoß abwechselnd Zwei- und Drei-Zimmer-Grundrisse sowie konische Eingangszonen, die sich zum Wohnraum hin weiten oder verengen. Diese vier Maisonetten und drei Garçonnieren werden vom straßenseitigen Laubengang aus erschlossen. Die fünf Maisonetten im Erdgeschoß sind von der Straße aus durch verglaste Pufferzonen zugänglich. Über die gesamte Gebäudehöhe ziehen sich im Bereich der Innentreppe Glasschlitze. Diese vertikalen Elemente sind mit den Fenstern und Türen der angrenzenden Räume gekoppelt, wodurch besonders bei Nacht ein interessanter Mäander von transparenten Fassadenflächen entsteht. *fl*

■

1230 Wien,
Autofabrikstraße 1
1996–99

■ **Einfamilienhaus** ***1230 Wien, Rodaunerstraße 7, 2000–02*** **Martha Enriquez-Reinberg, Georg W. Reinberg**

Neubau einer Reihenhaussiedlung
Margarethe Cufer

Die Othellogasse wird L-förmig mit einer dreigeschoßigen Bebauung markiert, während der innere Teil des Baublocks durch unterschiedliche Straßen gegliedert ist. Bautypologisch werden Mehrfamilienwohnhäuser, Einzelhäuser und Reihenhäuser angeboten. Für letztere war eine Gebäudetiefe von elf Metern und eine Straßenbreite von sechs Metern eingeplant. Margarethe Cufer entschied sich bei ihren Reihenhäusern für Ablesbarkeit des Einzelhauses, Differenzierung der Fassade je nach Himmelsrichtung und private Vorbereiche. Die Ost-West-Orientierung der 13 Häuser und die relative Offenheit des Erdgeschoßes ergeben eine verblüffende Großzügigkeit. Straßenseitig ist die Küche mit Essplatz angeordnet, gartenseitig liegt der Wohnraum. Die westliche Häuserzeile mit sieben Einheiten wird durch Dachterrassen besonders aufgewertet. Mit ihrer Geradlinigkeit und Einfachheit überzeugen die weißen Kristalle am Stadtrand. *as*

■

1230 Wien,
Othellogasse/Desdemonaweg 1–13
1987–93

Architektinnen

Angaben Stand Herbst 2003

Achhorner Evelyn
Arch. Dipl.-Ing.
6020 Innsbruck,
Erzherzog-Eugen-Straße 3
S. 30

Alber Manuela
Dipl.-Ing.
3411 Weidling, Stöllngasse 10
S. 147

Anderl Elisabeth
Arch. Dipl.-Ing.
8010 Graz, Pestalozzistraße 3
S. 64, 71, 76

Andritz Inge
Arch. Dipl.-Ing.
1080 Wien, Langegasse 24
S. 33

Auböck Maria
Arch. Prof. Dipl.-Ing.
Auböck + Karasz
1070 Wien, Bernardgasse 21
S. 45, 80, 133

Bachner Cordula
Arch. Dipl.-Ing.
S. 151

Bartscherer Sabine
Arch. Mag. arch. Dipl.-Ing.
Bartscherer-Cachola
1050 Wien, Schönbrunner Str. 22/1
S. 145

Baudisch Liesl**
Prof. Dr. Mag. arch.
freischaffende Architektin ab 1955
S. 50

Bauer Anne
Arch. Mag. arch.
Atelier mit Mag. art. Hartwin Bauer
1130 Wien, Oskar-Jascha-Gasse 68
S. 133, 155, 213

Bauer Ingrid
Arch. Dipl.-Ing.
5020 Salzburg, Radnitzkystraße 10
S. 94, 97, 106

Benedikter-Fuchs Renate
Arch. Dipl.-Ing.
fuchs + peer
6020 Innsbruck, Mariahilferstraße 22/7
S. 30, 46, 54

Bétrix Marie-Claude
Bétrix & Consolascio Architekten AG
CH-8703 Erlenbach, Seestraße 78
S. 96

Bily Karin
Dipl.-Ing.
S. 128

Binder Marlies
Arch. Dipl.-Ing.
8010 Graz, Glacisstraße 7
S. 78, 86, 116

Binder Christa
Arch. Dipl.-Ing.
9131 Grafenstein, Saager 1
S. 58

Bogensberger Ulrike
Arch. Dipl.-Ing.
Architekturbüro b+p
8010 Graz, Brandhofgasse 10
S. 87

Böhm Gorgona
(kein Titel bekannt)
S. 52, 128
Bösch Ines
Arch. Dipl.-Ing.
bösch am augarten
1020 Wien, Scherzergasse 6
Filiale: 6020 Innsbruck
S. 22, 32, 169
Bolldorf-Reitstätter Martha*
Mag. arch.
Diplom 1934 Akademie der bildenden Künste
S. 14, 149
Bolles-Wilson Julia
Prof. Dipl.-Ing.
S. 92
Braun Claire
Arch. Dipl.-Ing.
4810 Gmunden, Satoristraße 29
S. 123
Breu Monika
Arch. Dipl.-Ing.
1140 Wien, Gamandergasse 4–6
S. 207
Breuss Marlies
Arch. Dipl.-Ing. Mag. arch.
Holodeck.at
1010 Wien, Friedrichstraße 6/15
S. 61, 153
Briggs-Baumfeld Ella*
Dipl.-Ing.
Diplom 1919 TU München
S. 12, 13
Brucker Herta
Arch. Dipl.-Ing.
8700 Leoben, Peter-Tunner-Straße 2
S. 86, 87
Buchinger Christa
Arch. Dipl.-Ing.
1010 Wien, Mölkersteig 4
S. 133
Bulant-Kamenova Aneta
Arch. Dipl.-Ing.
Bulant & Wailzer
1010 Wien, Fleischmarkt 16/3/38
S. 94, 102, 106, 136
Cachola Ana Paula
Arch. Mag.arch.
Bartscherer-Cachola
1060 Wien, Schönbrunner Str. 22/1
S. 145
Česka Eva
Arch. Dipl.-Ing.
1060 Wien, Nelkengasse 4/5
S. 228
Condak Christina
Bachelor of Architecture
Leeb Condak Architekten
1080 Wien, Strozzigasse 32–34
S. 72
Cufer Margarethe
Arch. Mag. arch. Ing.
1030 Wien, Reisnerstraße 3/6
S. 182, 196, 232, 235
Delugan-Meissl Elke
Arch. Dipl.-Ing.
Delugan_Meissl Architekten ZT-GmbH
1040 Wien, Mittersteig 13/4
S. 186, 197, 231

de Vries Natalie
Prof. IR
S. 92
Dicker-Brandejs Friedl*
akadem. Malerin
S. 13
Durig Marianne
Arch. Dipl.-Ing.
6020 Innsbruck, Anichstraße 4
S. 47
Dutka Silvia
Arch. Dipl.-Ing.
1180 Wien Hockegasse 7/6/7
S. 156
Eiblmayr Judith
Arch. Dipl.-Ing.
1010 Wien, Mölkersteig 4
S. 133
Eisenmenger-Sittner Hermine
Prof. Dipl.-Ing.
freischaffende Architektin ab 1968
S. 129
Enriquez-Reinberg Martha
Arq. Arch.
Büro Reinberg
1070 Wien, Lindengasse 39/10
S. 234
Esslinger Sophie
Arch. Mag. arch.
1050 Wien, Margaretenstraße 123/31
S. 78
Fandl Barbara
Arch. Dipl.-Ing.
7400 Oberwart, Augartengasse 11
S. 157, 159
Farkashazy Elisabeth
Arch. Mag. arch. Dr. tech.
4310 Mauthausen, Vormarktstraße 17
S. 124
Feitzinger Adele
Arch. Dipl.-Ing.
1130 Wien, Preindlgasse 12
S. 214
Feuerstein Christiane
Arch. Dipl.-Ing.
1100 Wien, Laxenburgerstraße 28/41
S. 171
Filas Hilde*
Arch. Dipl.-Ing.
1030 Wien, Ditscheinergasse 2
S. 200
Fischer Anja
Arch. Dipl.-Ing.
Arch. Dipl.-Ing. Ernst Beneder, Arch. Dipl.-Ing. Anja Fischer, Architekten
1010 Wien, Predigergasse 3/9
S. 145, 146, 208, 210
Fleischmann-Oswald Gudrun
Arch. Dipl.-Ing.
fleos architektur ZT-KEG
5020 Salzburg, Sterneckstraße 55
S. 103, 107
Flöckner Maria
Arch. Dipl.-Ing.
Maria Flöckner und Hermann Schnöll
5020 Salzburg, Lasserstraße 6a
S. 98, 105
Fracaro Silvia
Arch. Mag. arch.
1060 Wien, Esterhazygasse 11A/15
S. 81, 147, 188, 225

Frank Irmgard
Mag. arch.
S. 128
Frank Margarete**
Prof. Dipl.-Ing.
freischaffende Architektin ab 1966
S. 129
Frediani-Gasser Barbara
Arch. Dipl.-Ing.
frediani+gasser architettura
9020 Klagenfurt, Gabelsbergerstraße 64
S. 59, 61
Frei Claudia
Arch. Dipl.-Ing.
4863 Seewalchen, Kraims 4
S. 126
Freimüller-Söllinger Regina
Arch. Dipl.-Ing.
1130 Wien, Elßlergasse 26/4
S. 121, 159
Fritz Sylvia
Arch. Dipl.-Ing.
1010 Wien, Neutorgasse 13
S. 169, 170, 224
Fügenschuh Julia
Arch. Dipl.-Ing.
Dipl.-Ing. Julia Fügenschuh. Dipl.-Ing. Christof Hrdlovics
6170 Zirl, Schöngasse 9
S. 37, 38, 39
Funk Sabine
(kein Titel angegeben/bekannt)
S. 111, 122
Gärtner Marta
(kein Titel angegeben/bekannt)
S. 52
Gasparin Sonja
Arch. Mag. arch. Mag. art.
Gasparin & Meier
9500 Villach, 10.-Oktober-Straße 18
S. 56, 60
Gellner Edda**
Dipl.-Ing.
freischaffende Architektin ab 1962
S. 67, 130
Gnaiger Adelheid**
Dipl.-Ing.
Befugnis 1950
S. 18
Gogl Monika
Arch. Dipl.-Ing.
Gogl&Partner
4020 Linz, Hafenstraße 61
Filiale: 6352 Ellmau
S. 43, 47
Götz Bettina
Arch. Dipl.-Ing.
ARTEC Architekten Bettina Götz & Richard Manahl
1050 Wien, Rüdigergasse 22
S. 19, 73, 123, 142, 191, 217
Grabensteiner Martina
Arch. Dipl.-Ing.
g2plus architektur
1070 Wien, Schottenfeldgasse 41–43
S. 60, 89, 187
Gumpinger Ingrid Isabella
Dipl.-Ing. arch., Oberstadtbaurätin
1110 Wien, Oberleitengasse 23
S. 139, 179

Gyüre Eva
Dipl.-Ing.
8010 Graz, Brandhofgasse 10
S. 87
Hackermüller-Habenschuss Ingrid
Arch. Dipl.-Ing.
1030 Wien, Erdberger Lände 2/12
S. 211, 233
Hadid Zaha
studio 9
London EC1R 0BQ, 10 bowling green lane
S. 31
Hämmerle Marina
Mag. arch.
Hämmerle Architektur
6890 Lustenau, Rheinstraße 26–27
S. 21
Hager Astrid
(kein Titel eingetragen/bekannt)
S. 111
Hanck Susanne
Dipl.-Ing.
S. 18
Harnoncourt Marie-Therese
Mag. arch.
S. 128
Haselau Manuela
Arch. Dipl.-Ing.
PULSE Consulting ZT GmbH
1070 Wien, Hermanngasse 1/8
S. 177
Hausdorf Ulrike
Arch. Dipl.-Ing.
HADLER bis HAUSDORF Architekten
1230 Wien, Ketzergasse 127
S. 137, 205
Heidecker Gabriele
Mag. arch.
room2move-Werkstätte räumlichen Denkens
4020 Linz, Volksgartenstraße 20
S. 122
Heubacher-Sentobe Margarethe
Mag. arch.
6130 Schwaz, Lahnbachgasse 8
S. 28/29, 38, 39
Hillerbrand Heidemarie
Arch. Dipl.-Ing.
Architekten Halbritter & Hillerbrand ZT GmbH
1040 Wien, Rechte Wienzeile 29/7
S. 134, 155, 158
Hochholdinger Gabriele
Arch. Dipl.-Ing.
hochholdinger.knauer architekten
1160 Wien, Rankgasse 13/3
S. 143, 176, 181
Höhndorf Susanne
Arch. Dipl.-Ing.
Rataplan
1050 Wien, Kohlgasse 11/3
S. 179, 182, 185, 234
Horner Lieselotte
Arch. Dipl.-Ing.
5020 Salzburg, Thumeggerstraße 42
S. 99
Horvath-Oroszy Ulrike
Arch. Dipl.-Ing.
8061 St. Radegund, Wetterturmstraße 41a
S. 85

Hummelbrunner Michaela
Arch. Dipl.-Ing.
Hummelbrunner Architektur & Einrichtung
1190 Wien, Hutweidengasse 34
S. 140, 200, 207
Hussa Fridrun
Arch. Dipl.-Ing.
Büro Hussa & Kassarnig
8010 Graz, Franckgasse 19
S. 71
Imhof Barbara
Arch. Mag. arch.
LIQUIFER seit 2003
1020 Wien, Große Mohrengasse 38/1
S. 182
Janowetz Ulrike
Arch. Dipl.-Ing.
1200 Wien, Wasnergasse 7
S. 138, 174, 216
Kaufmann Jacqueline
Arch. Mag. arch.
Kiskan Kaufmann Architekten
1010 Wien, Rathausstraße 5
S. 170
Kindl Mirja
Arch. Dipl.-Ing.
DI Mirja Kindl Solararchitektur und ökologische Planung
1130 Wien, Anton-Langer-Gasse 56/6
S. 105
Kleindienst Eleonore
Arch. Dipl.-Ing.
1190 Wien, Paul-Ehrlich-Gasse 7
S. 144, 189
Klingan Ursula
Arch. Dipl.-Ing.
6020 Innsbruck, Marktgraben 25
S. 63
Kloker Ute
Arch. Dipl.-Ing.
8043 Graz, Johannhöhe 19b
S. 72
von Klot Sandrine
Mag. arch.
1020 Wien, Böcklinstraße 110/3
S. 182
Kölblinger Sigrid
Arch. Dipl.-Ing.
2620 Neunkirchen, Hölderlingasse 3
S. 216
Koller-Buchwieser Helene*
Dipl.-Ing.
Diplon 1937 TH Wien, freischaffend ab 1948
S. 14, 129
Konrad Ingrid
Arch. Dipl.-Ing.
Konrad & Co Ziviltechniker KEG
1030 Wien, Pfarrhofgasse 16/4/10
Filiale: 2324 Rannersdorf, Hähergasse 34
S. 205, 217, 225
Konzett Andrea
(kein Titel angegeben/bekannt)
S. 128
Kopecky Karin
Arch. Dipl.-Ing.
6063 Rum/Innsbruck, Bundesstraße 29
S. 33

Kowalski Karla
Arch. Univ. Prof. Dipl.-Ing.
8010 Graz, Elisabethstraße 52 und 37
S. 73, 75, 76, 79, 83, 204
Kremsner Michaela
Arch. Mag. arch. Ing.
Architekten kremsner&kremsner
1070 Wien, Kirchengasse 18
Filiale: 7021 Draßburg
S. 156
Kremsner Sonja
Arch. Mag. arch. Ing.
Architekten kremsner&kremsner
1070 Wien, Kirchengasse 18
Filiale: 7021 Draßburg
S. 156
Kriegl Adele*
Dipl.-Ing.
freischaffende Architektin ab 1962
S. 50
Krupp Barbara
Arch. Dipl.-Ing.
1220 Wien, Düsseldorfstraße 20
S. 82
Kuhler Ingeborg
Prof. Dipl.-Ing.
S. 92
Lambert Ulrike
Arch. Mag. arch.
sglw architekten
1010 Wien, Singerstraße 6/9
S. 186, 195, 202, 206
Lassmann Edith*
Dipl.-Ing. Dr.
Diplom 1941
S. 91
Lassy Helga
Arch. Dipl.-Ing.
4020 Linz, Humboldtstraße 40
S. 115, 116, 117
Lechner Christine
Arch. Mag. art. arch.
Christine und Horst Lechner
5020 Salzburg, Priesterhausgasse 18
S. 104
Lepschi Christa
Arch. Dipl.-Ing.
4020 Linz, Grabnerstraße 25
S. 121, 123
Liszt Liane
Arch. Dipl.-Ing.
2540 Bad Vöslau, Florastraße 10
S. 178
Löcker Brigitte
Arch. Dipl.-Ing.
BLP Brigitte Löcker Projects
1100 Wien, Reumannplatz 19/12
S. 140
Lojen Erika
Arch. Dipl.-Ing.
Architekturbüro Lojen
8010 Graz, Ruckerlberggasse 2
S. 79, 83, 85
Lusser Irmgard
Arch. Dipl.-Ing.
8042 Graz, Prof.-F.-Spath-Ring 36/3
S. 78, 86, 116
Machold Uli
Mag. arch.
1050 Wien, Margaretenstraße 123/31
S. 78

Mang Brigitte
Dipl.-Ing.
S. 127
Mang-Frimmel Eva**
Dipl.-Ing.
freischaffende Architektin ab 1955,
gestorben 2000
S. 130, 131
Mayr Ingrid
Arch. Dipl.-Ing.
8010 Graz, Johann-Michael-Steffn-Weg 6A
S. 71, 74, 79
Missoni Gerda
Dipl.-Ing.
mit Herbert Missoni
S. 51, 67
Morgan Julia
Diplom 1902 École des Beaux Arts, Paris
S. 11
Mühlfellner Heide
Arch. Dipl.-Ing.
Architekten Kaschl Mühlfellner
5020 Salzburg, Rupertgasse 4
S. 93, 95, 100, 103, 117
Müller Jutta**
Dipl.-Ing.
freischaffende Architektin ab 1956,
gestorben 2002
S. 129
Müller Veronika
Mag. arch.
room2move-Werkstätte räumlichen
Denkens
4020 Linz, Volksgartenstraße 20
S. 122
Neumann Friederike*
Dipl.-Ing.
Diplom 1923 TH Wien
S. 161
Noldin Regina
Arch. Dipl.-Ing.
Noldin&Noldin
6020 Innsbruck, Maria-Theresien-Straße 27
S. 20, 36, 44
Nussmüller Ingeborg
Arch. Dipl.-Ing.
Nussmüller Architekten ZT GmbH
8010 Graz, Zinzendorfgasse 1
S. 75, 77, 78, 81, 87
Obermann Annemarie
Arch. Dipl.-Ing.
Overplan Dr. Obermann ZT KEG
1190 Wien, Hardtgasse 7
S. 210
Ohrenberger Christine
Arch. Dipl.-Ing.
1090 Wien, Löblichgasse 6
S. 208, 215
Ortner-Mahuschek Ursula
Arch. Dipl.-Ing.
6900 Bregenz, Metzgerbildstraße 7
S. 37
Ottel Brigitte
Arch. Dipl.-Ing. Dr. techn.
1190 Wien, Vegagasse 2
S. 138, 194, 210
Parkkinen Tiina
Arch. Mag. arch.
Berger+Parkkinen Architekten ZT GmbH
1070 Wien, Neubaugasse 40/5
S. 122

Peretti Liselotte
Arch. Dipl.-Ing.
peretti&peretti Ziviltechn. Gmbh
1120 Wien, Kiningergasse 4+6
S. 117, 135, 204, 222

Petersen Niki Ezra
Arch. Dipl.-Ing.
6020 Innsbruck, Pacherstraße 34
S. 27

Pieringer-Lunzer Elisabeth
Arch. Dipl.-Ing.
7000 Eisenstadt, Rudolf-v.-Eichthal-Straße 7
S. 153, 154

Pizzini Regina
Arch. Dipl.-Ing.
1010 Wien, Steindlgasse 2/14
S. 44, 189

Podreka Gisela
Arch. Dipl.-Ing.
1170 Wien, Jörgerbadgasse 8
S. 180, 200, 223

Pöllabauer-Tscherteu Claudia
Arch. Dipl.-Ing.
planhaus
1020 Wien, Hollandstraße 8/2
S. 136, 212

Pollak Sabine
Arch. a. o. Prof. Dipl.-Ing. Dr.
Köb & Pollak Architekten
1040 Wien, Margaretenstraße 38/8
S. 76

Popelka Anna
Arch. Dipl.-Ing.
PPAG – Anna Popelka/Georg Poduschka
1060 Wien, Schadekgasse 16/1
S. 175, 183, 227

Prantl Christa
Arch. Dipl.-Ing.
Runser/Prantl
4400 Steyr, Christlkindlweg 59
S. 141, 147, 209

Praun Anna-Lülja*
Dipl.-Ing.
Diplom 1929 TU Graz
S. 14

Prewein Renate
Arch. Mag. arch.
1160 Wien, Hasnerstraße 42
S. 169

Priesner Susanne
Arch. Dipl.-Ing.
1040 Wien, Kolschitzkygasse 30/16
S. 209

Prochazka Elsa
Arch. Univ. Prof. Mag. arch.
1120 Wien, Schönbrunner Allee 42
S. 179, 195, 219

Proyer Karin
Arch. Dipl.-Ing.
Proyer&Proyer Architekten
4400 Steyr, Ortskai 4
S. 118, 119, 120, 124, 125

Putz Monika
Arch. Dipl.-Ing.
2463 Stixneusiedl, Hauptstraße 43
Filiale: 1030 Wien, Ungargasse 56/14
S. 134, 144, 173

Raith-Strömer Karin
(kein Titel eingetragen/bekannt)
S. 128

Rampula Iris
Dipl.-Ing.
balloon ZT-gesellschaft
8020 Graz, Lendkai 45/p
S. 73
Ramusch Sonja
Arch. Dipl.-Ing.
4020 Linz, Tummelplatz 5
S. 102, 126
Rathmanner Brigitte
Arch. Dipl.-Ing.
8720 Knittelfeld,
Koloman-Wallisch-Gasse 17
S. 88
Revedin Jana
Arch. Dipl.-Ing. Dr. techn.
9241 Wernberg, Haselweg 5
S. 54, 62
Riepl Gabriele
Arch. Dipl.-Ing.
Riepl Riepl, Architekten
4020 Linz, Hofgasse 9
S. 118, 126
Ring Romana
Arch. Dipl.-Ing.
S. 113
Rinofner Heidi**
Dipl.-Ing.
freischaffende Architektin ab 1975
S. 51
Ronacher Andrea
Dipl.-Ing.
S. 52
Rottleutner-Frauneder Herta*
Dipl.-Ing.
Diplom 1934 TH Graz
S. 67
Rubin Eva
Arch. Mag. arch.
9020 Klagenfurt, Viktringer Ring 23
S. 53, 57, 62, 65
Ruck Klaudia
Dipl.-Ing.
Winkler + Ruck
9020 Klagenfurt, Dieselgasse 3a
S. 55, 57, 63
Rudnicki Evelyn
Arch. Dipl.-Ing.
pool Architektur ZT GmbH
1040 Wien, Weyringergasse 36/6
S. 135, 136, 151, 183, 205
Rüdisser Elisabeth
(kein Titel eingetragen/bekannt)
S. 18
Saiko Friederice
Arch. Dipl.-Ing.
8010 Graz, Kaiserwaldweg 62a
S. 82, 83, 89
Salzmann Geli
Arch. Dipl.-Ing.
Salzmann Architektur
6850 Dornbirn, Mühlbacherstraße 25
S. 24
Schindler Cornelia
Dipl.-Ing.
s&s architekten Cornelia Schindler &
Rudolf Szedenik
1060 Wien, Esterhazygasse 18a
S. 181, 211, 218
Schmall Susanne
(kein Titel angegeben/bekannt)
S. 150, 151

Schmidt Helga
Arch. Dipl.-Ing.
4400 Steyr, Pachergasse 9
S. 119, 120
Schöberl Martina
Arch. Dipl.-Ing.
Rataplan
1050 Wien, Kohlgasse 11/3
S. 179, 182, 185, 234
Schreiber Erika**
Mag. arch.
freischaffende Architektin ab 1965
S. 130
Schreieck Marta
Mag. arch.
henke und schreieck Architekten
1070 Wien, Neubaugasse 2/5a
S. 27, 34/35, 134, 172, 213, 229
Schütte-Lihotzky Margarete*
Dr. h.c., gestorben 2001
Diplom 1919
S. 11, 51, 161
Schwarz-Viechtbauer Karin
Dipl.-Ing.
S. 128
Seifert Gabriela
(kein Titel eingetragen/bekannt)
S. 18
Senn Elisabeth
Arch. Dipl.-Ing.
6020 Innsbruck, Dr.-Glatz-Straße 34
S. 36, 41, 45
Simma-Strasser Karin
Arch. Mag. arch.
6850 Dornbirn, Weidenweg 21
S. 20, 23, 24, 206
Spannberger Ursula
Arch. Dipl.-Ing.
5020 Salzburg, Wolf-Dietrich-Straße 12/3
S. 97, 99, 101, 125
Spielhofer Herrad**
Dipl.-Ing.
S. 67
Spinadel Laura P.,
Arch. Mag. arch. arq.
BUSarchitektur mit Claudio J. Blazica
1180 Wien, Schulgasse 36/2/1
S. 192/193, 200, 226
Stingl Alexandra
Dipl.-Ing.
Architekturbüro Stingl-Enge
8793 Trofaiach, Koloniegasse 7
S. 84, 86
Strenitz Barbara
Arch. Dipl.-Ing.
8010 Graz, Schumanngasse 18
S. 89
Sundt Elise**
Dipl.-Ing.
freischaffende Architektin ab 1957
S. 130
Thaler-Brunner Ursina
Arch. Dipl.-Ing.
thaler.thaler architekten
1070 Wien, Halbgasse 6/9
S. 42
Theodorou-Neururer Elena
Dipl.-Ing.
S. 128, 131
Tillner Silja
Arch. Mag. arch.
1090 Wien, Porzellangasse 50/13
S. 171, 184/185, 216

Trenkwalder Birgit
Arch. Dipl.-Ing.
kunath_trenkwalder seit 2003
1070 Wien, Lindenstraße 8/17
S. 182
Tschapeller Astrid
Arch. Dipl.-Ing.
6020 Innsbruck, Innstraße 81
S. 40
Ulama Margit
Dipl.-Ing.
S. 52
Ullmann Franziska
Arch. Univ. Prof. Dipl.-Ing.
gem. Arch. Prof. DI Peter Ebner (nach 1998)
1060 Wien, Windmühlgasse 9/26
S. 140, 145, 170, 172, 203, 220/221, 233
Veselinovic Snezana
Arch. Mag. arch.
1070 Wien, Lindengasse 26
S. 230
Vukovits Daniela
Arch. Dipl.-Ing.
8010 Graz, Geidorfgürtel 26
S. 84
Wachberger Hedy**
Dipl.-Ing.
S. 52
Wallmüller Karin
Arch. Dipl.-Ing.
8010 Graz, Ruckerlberggürtel 17
S. 85
Weigelt Susanne
Arch. Dipl.-Ing.
8020 Graz, Karl-Morre-Str. 64
S. 75
Weil Eva
Arch. Dipl.-Ing.
1180 Wien, Klostergasse 17
S. 208, 215
Werner-Tutschku Ursula
Arch. Dipl.-Ing.
4551 Ried im Traunkreis, Voitsdorf 80
S. 121, 125
Wicher-Scherübel Marion
Dipl.-Ing.
„ThA-i" thearchitects-inc
8020 Graz, Griesgasse 10
S. 88
Wimmer-Armellini Ute
Arch. Dipl.-Ing.
S. 18
Wiesner Eva
Arch. Dipl.-Ing.
7000 Eisenstadt, Fanny-Elßler-Gasse 6/3
S. 153, 154, 156
Woertl-Goessler Jutta
Mag. arch.
1120 Wien, Wolfganggasse 12
S. 138
Zacek Patricia
Arch. Dipl. Ing. Dr. techn.
1130 Wien, Gobergasse 65/2
S. 173, 198/199, 222
Zdarsky Ingrid
Arch. Dipl.-Ing.
1230 Wien, Anton-Krieger-Gasse 148
S. 201
Zentner Lisa
Arch. Dipl.-Ing.
1070 Wien, Zieglergasse 1/29
S. 209

Zimbler Liane*
Kunstgewerbeschule Wien, ab 1924 eigenes Atelier in Wien und Prag, 1. Ziviltechnikerin 1938
S. 12

Zottl Susanne
Arch. Mag. arch.
1190 Wien, Aslangasse 10/2/4
S. 174

Zwingl Christine
Arch. Dipl.-Ing.
1030 Wien, Tongasse 4
S. 157, 190

* Pionierin, Diplom/Befugnis bis 1949
** Konsolidierungsphase, Diplom/Befugnis 1949–80
Bei einigen Architektinnen konnten trotz ausführlicher Recherchen die Daten nicht vollständig ergänzt werden.

Auswahlgremium

Mitglieder mit Stimmrecht:
Univ.-Prof. Architektin Dipl.-Ing. Hannelore Deubzer (München, Berlin)
Stadtbaurätin Dipl.-Ing. Christiane Thalgott (Leiterin des Stadtbauamtes München)
Senatsrätin Dipl.-Ing. Brigitte Jilka (Leiterin der Magistratsabteilung 18, Stadtplanung und Stadtentwicklung, Magistrat der Stadt Wien)
Mag. Gabriele Kaiser (Architekturzentrum Wien)
Architektin Mag. arch. Anne Bauer (Herausgeberin)
Architektin Dipl.-Ing. Eleonore Kleindienst (Herausgeberin)
Oberstadtbaurätin Dipl.-Ing. arch. Ingrid Isabella Gumpinger (Herausgeberin)

Mitglieder ohne Stimmrecht:
Mag. Mona Müry-Leitner (Verlag Anton Pustet)
Dr. Roman Höllbacher (Verlag Anton Pustet)

Herausgeberinnen

Anne Bauer
geboren 1941, Architekturstudium an der Universität für angewandte Kunst Wien, Auslandspraktikum, 1964 Diplom, 1984 Ziviltechnikerprüfung, seither selbstständige Architektin.

Ingrid Isabella Gumpinger
geboren 1953, Architekturstudium an der Technischen Universität Wien, 1988 Diplom, 1996 Ziviltechnikerprüfung, seit 1988 im Dienst der Stadt Wien, Oberstadtbaurätin.

Eleonore Kleindienst
geboren 1940, Architekturstudium an der Technischen Universität Wien, Auslandspraktikum, 1964 Diplom, 1985 Ziviltechnikerprüfung, seither selbstständige Architektin.

as

August Sarnitz

Architekt Prof. Dr. techn., Architekt und Architekturhistoriker, Professor für Architekturgeschichte am Institut für Kunst und Architektur an der Akademie der bild. Künste

wt

Walter Titz

Kulturjournalist (Bildende Kunst und Architektur), Redakteur der Kleinen Zeitung Graz

gg

Gisela Gary

Dr. phil., Historikerin und Frauenforscherin, Journalistin

rr

Romana Ring

Architektin Dipl.-Ing., freie Journalistin

im

Isabella Marboe

Dipl.-Ing. arch., freie Journalistin (Kunst und Architektur)

bk

Barbara Kanzian

Chefin vom Dienst bei Konstruktiv, Architekturjournalistin

rh

Roman Höllbacher

Dr. phil., Kunsthistoriker, Gründungsmitglied der Initiative Architektur, Fachlektor im Verlag Anton Pustet

gk

Gretl Köfler

Dr. phil., Historikerin und Archivarin, freie Journalistin

fl

Franziska Leeb

Leiterin ORTE, Architekturnetzwerk Niederösterreich, Architekturjournalistin

ek

Elke Krasny

Mag. phil., Kulturtheoretikerin, Architekturpublizistin

Abbildungsnachweis

Soferne nachfolgend nicht angeführt, stammen die Bilder aus dem Archiv der jeweiligen Architektin.

Anrather Oskar: S. 97
Archiv Eckelt-Glas: S. 102
Archiv Arch. Mag. A. Bauer A.: S. 129, 130
Archiv Arch. Dipl.-Ing. U. Bogensberger: S. 68
Archiv Arch. Dipl.-Ing. Dr. E. Bolldorf: S. 15, 150, 151
Archiv Fa. Braun: S. 178
Archiv Arch. Dipl.-Ing. H. Filas: S. 164
Archiv Arch. Mag. S. Gasparin: S. 51
Archiv Dr. R. Höllbacher: S. 96
Archiv Arch. Dipl.-Ing. K. Mang: S. 163
Baniahmad Sina: S. 42
Bardel Armin: S. 63 li.
Bassenitz Gert von: S. 44
Blau Anna: S. 155, 157, 158, 169 o., 192, 193, 200, 201
Bösch Reinhold: S. 32
Bstieler Markus: S. 28, 29, 36
Corce&Wir: S. 88
Eder Peter, Dipl.-Ing.: S. 64, 86
Eisenberger Harald: S. 89 u.
Erlacher Gisela: S. 202, 225, 227 re.
Fidler Herbert: S. 224
Furuya Seiichi: S. 74
Haerdtlein Thilo: S. 207 u.
Hagen K.: S. 80
Hauer Günter: S. 79
Hejduk Pez: S. 126, 211
Huber Gerald, Dr.: S. 31
Hurnaus Hertha: S. 135, 136, 181
Iglar Rainer: S. 93, 95
Jagoutc Günther: S. 65 o.
Kaunat Angelo: S. 55, 73, 77 o.
Klomfar+Sengmüller: S. 230
Koller Alexander: S. 183
Koller Peter: S. 133 u.
Lackner Christoff: S. 43
Lichtblau Andreas: S. 75 o.
Löffler Armin: S. 30
Martinez Ignacio: S. 20, 21, 106
Nagy Katja, Dipl.-Ing.: S. 212
Neubau A. T.: S. 153
Neumüller Ferdinand: S. 61
Nikolic Monika: S. 171, 184, 185, 189
Ott Paul: S. 47, 54, 57, 72 u., 123, 191
Pauli N. Thomas, Dipl.-Ing.: S. 29 u.
Pausch Josef: S. 121
Phelps Andrew: S. 101, 198, 199
Reichl Walter: S. 89 o., 187
Salzger Heimo, Dipl.-Ing.: S. 87
Schanda Irene: S. 214
Schuster Michael: S. 75 u.
Seidl Manfred: S. 218
Similache Nikolaus: S. 226
Spiluttini Margherita: S. 22, 27, 33, 34, 35, 38, 39, 56, 60, 94, 103, 116, 117, 134, 140, 141, 142, 144 o., 146, 147, 172, 174, 179, 186 o., 188, 195, 197, 203, 208, 209, 210, 213, 221, 222, 229, 231, 232, 233, 235
Steiner Rupert: S. 143, 145, 217, 219, 223, 228
Steinlechner Michael: S. 40
Studio Krauss: S. 175, 227 li.
Tami Mauricio: S. 45
Thaler Wolfgang: S. 63 re., 138, 159
Tollerian Dietmar: S. 104, 118, 120, 125

Tomaselli Markus: S. 182, 234
Trumler Gerhard: S. 137
Weber Peter: S. 173
Wett Günther: S. 37, 41, 46
Zaic Michael, Arch. Dipl.-Ing.: S. 99
Zechany Michael: S. 177
Zenzmaier Stefan: S. 98, 105
Zugmann Leo: S. 176
Zugmann Gerald: S. 180